Tobias Buchberger

Reduktion des Risikos beim Marketing im Web 2.0

Organisatorische, technische und rechtliche Maßnahmen

GRIN Verlag

Bibliografische Information der Deutschen Nationalbibliothek:

Die Deutsche Bibliothek verzeichnet diese Publikation in der Deutschen National-
bibliografie; detaillierte bibliografische Daten sind im Internet über http://dnb.d-
nb.de/ abrufbar.

Impressum:

Copyright © 2008 GRIN Verlag, Open Publishing GmbH
Druck und Bindung: Books on Demand GmbH, Norderstedt Germany
ISBN: 978-3-640-70075-2

Dieses Buch bei GRIN:

http://www.grin.com/de/e-book/157093/reduktion-des-risikos-beim-marketing-im-
web-2-0

GRIN - Your knowledge has value

Der GRIN Verlag publiziert seit 1998 wissenschaftliche Arbeiten von Studenten, Hochschullehrern und anderen Akademikern als eBook und gedrucktes Buch. Die Verlagswebsite www.grin.com ist die ideale Plattform zur Veröffentlichung von Hausarbeiten, Abschlussarbeiten, wissenschaftlichen Aufsätzen, Dissertationen und Fachbüchern.

Besuchen Sie uns im Internet:

http://www.grin.com/

http://www.facebook.com/grincom

http://www.twitter.com/grin_com

Fachhochschule Frankfurt am Main

- Fachbereich 2 Informatik- und Ingenieurswissenschaften -

- Studiengang Wirtschaftsinformatik -

Reduktion des Risikos beim Marketing im Web 2.0

- organisatorische, technische und rechtliche Maßnahmen -

Abschlussarbeit zur Erlangung des akademischen Grades

Bachelor of Science (B.Sc.) in Business Information Systems

vorgelegt von   Tobias Buchberger

Fachsemester   6

Semester   SS 2008

Beginn   04.06.2008

Abgabedatum   04.08.2008

Abstract

Die Weiterentwicklung des Web zum Web 2.0 bietet durch seinen interaktiven Charakter neue und attraktive Möglichkeiten, um in Dialoge mit Kunden zu treten. Diese Dialoge ermöglichen es Unternehmen, ihre Aktivitäten auf heterogene Wünsche und Bedürfnisse von Kunden abzustimmen und einen interaktiven Wertschöpfungsprozess zu schaffen, der auf einem Wissenstransfer mit externen Akteuren basiert. Auf diese Weise werden Kunden zum Teil der Wertschöpfung und lassen sich aktiv in das Marketing integrieren.

Um die daraus resultierenden Potentiale voll auszuschöpfen, müssen Unternehmen die Risiken beachten, die durch die neue Macht von Individuuen, seine erstellten Inhalte und Sicherheitsrisiken entstehen können.

Ziel dieser Arbeit ist das Erfassen und Analysieren aktueller Formen des Marketings im Web 2.0 und deren Risiken. Aus den Risiken werden organisatorische, technische und rechtliche Maßnahmen abgeleitet, die ein sicheres und erfolgreiches Marketing im Web 2.0 ermöglichen und Unternehmen einen erfolgreichen Auftritt im Web 2.0 sichern.

Inhaltsverzeichnis

Abkürzungsverzeichnis

Ajax	Asynchronous Java Script and XML
API	Application Programming Interface
BC	Brand Community
BGH	Bundesgerichtshof
BSI	Bundesamt für Sicherheit in der Informationstechnik
CIM	Customer Integrated Marketing
CRM	Customer Relationship Management
IDS	Intrusion Detection-System
PSP	Playstation Portable
TMG	Telemediengesetz
UrhG	Urhebergesetz
XML	Extensible Markup Language
XSS	Cross Site Scripting

Abbildungsverzeichnis

1 Einleitung und Problemstellung

In den letzen Jahren führten neue Trends und Technologien zu einer Veränderung der Wahrnehmung und des Benutzerverhaltens im Internet. Die traditionelle feste Rollenverteilung zwischen Entwicklern und Konsumenten des Web verschwimmt. In der Vergangenheit verwendeten passive Nutzer das Internet zum Abrufen von Informationen, die von aktiven Erstellern von Web-Inhalten publiziert wurden. Heute sind Nutzer des Web 2.0 in der Lage aktiv an der Gestaltung von Web-Inhalten mitzuwirken. Somit entwickelte sich das Internet zum interaktiven Mitmachmedium.[1]

Dieser Paradigmenwechsel erfordert eine neue Strategie für das Marketing, die es ermöglicht mit Hilfe neuer Technologien und Anwendungen wie Blogs, Social Software, Podcasts und Ajax in einen engeren Dialog mit Kunden zu treten, die im Folgenden als Personen betrachtet werden, die bereits Produkte und Dienstleistungen von einem Unternehmen bezogen haben, sowie potenzielle Kunden. Das Marketing verändert sich von einer unpersönlichen Massenansprache über Werbebanner zu einem persönlichen, aktiven Dialog mit Kunden, durch den es möglich ist, das Meinungsbild von Kunden einzufangen und dies aktiv in die Wertschöpfungskette zu integrieren, indem Meinungen von Kunden bei der Produktentwicklung und -verbesserung berücksichtigt werden.[2] Das Beispiel der Firma Opel, die im Jahr 2006 eine Plattform[3] startete, auf der Nutzer eingeladen wurden, Werbebotschaften für ein neues Modell zu erstellen, zeigt, dass darüber hinaus eine Integration von Kunden in das Marketing realisierbar ist. Durch die Integration und Dialoge mit Kunden verbessern Unternehmen ihre Kundengewinnung, -bindung und -betreuung, sorgen für eine innovative Produktentwicklung, zielgenaues Werben und eine umfassende Wissensgenerierung durch das Meinungsbild von Kunden.[4]

Mit diesem Paradigmenwechsel hat sich das Machtverhältnis im Web 2.0 verschoben. Kunden sind empowered, können ihre Meinung einer breiten Öffentlichkeit präsentieren und das Image eines Unternehmens positiv oder negativ beeinflussen.[5] Der von ihnen erstellte User-Generated Content kann durch Urheber-,

---

1 Vgl. [HaKW2008] S.4, [Wirt2008] S.68, [HaTG2007] S.215, [KoHa2007] S.1.
2 Vgl. [KoHa2007] S.1f; [HaKW2008] S.18.
3 Vgl. [Opel2006].
4 Vgl. [KnKr2007] S.72ff.
5 Vgl. [Rolk2002] S.18.

Marken- oder Persönlichkeitsrechtsverletzungen rechtliche Folgen für Plattformbetreiber nach sich ziehen.[6] Zusätzlich entstanden durch das Web 2.0 neue Sicherheitsrisiken und Angriffsformen, die geeignete Sicherheitsmaßnahmen erfordern. Um die Potentiale des Web 2.0 für das Marketing zu nutzen, sollten Unternehmen umfassende Maßnahmen ergreifen, um die Risiken zu kontrollieren.
Diese Arbeit beschreibt zunächst die Grundidee des Web 2.0 sowie des Marketings in den Kapiteln zwei und drei. In Kapitel vier wird auf die veränderte Situation für das Marketing und auf die Mechanismen des Marketings im Web 2.0 ein-
gegangen. Die Risiken für die Marketingmethoden des vorherigen Kapitels, werden in Kapitel fünf erläutert. Aus den Risiken werden anschließend organisatorische, technische und rechtliche Maßnahmen abgeleitet, die diese Risiken reduzieren.

2 Web 2.0

2.1 Entwicklung zum Web 2.0

Die Vision des Web 1.0 sollte es ermöglichen, Informationen miteinander zu verknüpfen. Nutzer sollten Wissen und Ideen mitteilen sowie von Informationen und
Gedanken anderer erfahren.[7] Jedoch beschränkte sich die Rolle von Nutzern auf
statischen Webseiten vorwiegend auf das Aufrufen von Informationen, die meist
von Unternehmen zur Verfügung gestellt wurden. Nutzer wurden von Unternehmen als anonyme Masse betrachtet, die einkaufen und auf Werbebanner klicken
sollte.[8] Dynamische Webseiten, die erst im Augenblick des Aufrufs durch einen
Client entstehen, ermöglichten bereits erste einfache Interaktionen mit Nutzern
und die Personalisierung von Webseiten.[9] Soziotechnische Wechselwirkungen
beschreiben informationstechnische Innovationen unter Berücksichtigung von
Wechselwirkungen zwischen Anwendern von IT-Systemen wie bspw. Nutzer
oder private und öffentliche Unternehmen und Entwicklern von IT-Systemen wie
bspw. IT produzierende Unternehmen.[10] Durch sie hat sich das Internet zu einem
Mitmachmedium entwickelt, an dem sich jeder mit einem Internetzugang aktiv
beteiligen kann.[11] Die Änderung fand aufgrund von Forderungen von Nutzern

---

6 Vgl. [Blin2008] S.68.
7 Vgl. [Bele1999] S.59.
8 Vgl. [Sixt2006] S.150.
9 Vgl. [Kraus2003] S.33f.
10 Vgl. [KRCS2006] S.267.
11 Vgl. [Reit2007] S.23f.

statt (demand pull), die mit den Funktionalitäten des Web unzufrieden waren und neue Anforderungen an Entwickler stellten. Entwickler setzten die Forderungen um und entwickelten neue Technologien und Anwendungen (technology push), die den Anforderungen von Nutzern entsprachen und zu einer breiten Akzeptanz führten. Auf diese Weise konnte die zuvor starre Rollenverteilung überwunden werden und jeder kann jetzt Macher und Nutzer gleichermaßen sein.[12]

2.2 Internet mit Web 2.0

Bisher gibt es keine klare Definition oder Abgrenzung des Begriffs Web 2.0. Einerseits wird es als Buzzword oder Marketingschlagwort verspottet, andererseits als eine Konvention des Internets bezeichnet.[13] Tatsache ist, dass sich das heutige Web verglichen mit dem Web von vor zehn Jahren grundlegend verändert hat.[14] Tim O' Reilly stellte 2005 in seinem Artikel "What is Web 2.0"[15] folgende sieben Prinzipien vor, welche die Veränderung verdeutlichen sollen: The Web as Platform, Harnessing Collective Intelligence, Data is the Next Intel Inside, End of the Software Release Cycle, Lightweight Programming Models, Software Above the Level of a Single Device und Rich User Experiences.[16] Die sieben Prinzipien veranschaulichen, dass es sich bei Web 2.0 um eine Reihe beobachteter Trends handelt, die sich in technologische, soziologische und betriebswirtschaftliche Aspekte unterteilen lassen.[17] Durch das Web 2.0 werden traditionelle Softwareanwendungen von webbasierten Diensten ersetzt, die sich untereinander zu sogenannten Mashups verknüpfen lassen und Nutzern durch Zusammenlegung von Inhalten zweier Webanwendungen einen Mehrwert bieten. Klassische Software-Lebenszyklen und Entwicklungsmodelle werden durch ewige Beta-Versionen ersetzt und in Zusammenarbeit mit Nutzern weiterentwickelt. Kommunikation und Austausch zwischen Menschen, die in Social Networks, Blogs und Communities Inhalte generieren und miteinander verknüpfen, rücken in den Mittelpunkt. Unternehmen zielen auf eine Verwendung von benutzergenerierten Inhalten ab, welche die Basis für weitere Wertschöpfungsaktivitäten, wie Produktentwicklung und -verbesserung oder Marketing, bilden.[18] Die Interaktivität und Integration von

---

12 Vgl. [Beck2007] S.5.
13 Vgl. [HaKW2008] S.5; [Karl2007] S.30.
14 Vgl. [Alby2007] S.19.
15 Vgl. [ORei2005] (what-is-web-20.html).
16 Vgl. [KoHa2007] S.6; [BeZe2008] S.11; [Wima2007] S.25.
17 Vgl. [Karl2007] S.30f.
18 Vgl. [KoHa2007] S.8.

Kunden in die Gestaltung von Inhalten ist von zentraler Bedeutung für weitere Wertschöpfungsaktivitäten.

2.2.1 Erfolgsfaktoren

Technologische Entwicklung

Die kontinuierliche Steigerung von Datenübertragungsraten sowie niedrigere Verbindungskosten sind für die Weiterentwicklung des Web von großer Bedeutung. Die Einführung der DSL-Technologie 1999 und günstigere Flatrateangebote von Kommunikationsunternehmen bereiteten die Grundlage für die Erschließung des Web durch einen Großteil der Bevölkerung.[19] Die Anzahl der Internetnutzer in Deutschland wuchs vom Jahr 1999 bis zum Jahr 2007 von 18 Prozent auf 60 Prozent.[20] Durch den Anstieg der Nutzerzahlen und der flächendeckenden Verbreitung von Breitbandanschlüssen, über die 59 Prozent der befragten Onlinenutzer heute verfügen[21], gewinnt das Internet an Attraktivität für Marketing- und Verkaufsmaßnahmen und Geschäftsmodelle wie den Verkauf von MP3s über das Internet, der aufgrund der hohen Kosten für den Download früher nicht denkbar gewesen wäre.[22] Ebenso ist eine Zunahme von interaktiven, multimedialen Inhalten auf Plattformen wie Flickr und YouTube zu verzeichnen, die Paradebeispiele für das Web 2.0 sind.

Entwicklung der Nutzer

Nicht nur die Technologie, sondern auch die Nutzer entwickelten sich weiter. Hatten diese zur Anfangszeit des Internets noch keine konkrete Vorstellung über die Möglichkeiten der Nutzung, sind sie ihnen mittlerweile vertraut und sie erkennen den Nutzen des Internets.[23] Während 1997 jeder Deutsche durchschnittlich zwei Minuten online war, stieg die Verweildauer im Internet 2007 auf 54 Minuten.[24] Der Gebrauch des Internets ist zum Alltag geworden. Seine Vorteile als Informations-, Unterhaltungs-, Kommunikations- und Einkaufsmedium sind anerkannt und werden aktiv genutzt.

Die Community Idee spielt dabei eine wichtige Rolle. Eine Community ist eine Gruppe von Menschen, die Erfahrungen teilen und gemeinsames Wissen entwi-

19 Vgl. [Alby2008] S.3ff.
20 Vgl. [EiFr2007].
21 Vgl. [EiFr2007].
22 Vgl. [Alby2008] S.9f.
23 Vgl. [Alby2008] S.11.
24 Vgl. [EiFr2007].

ckeln.[25]. Nutzer erstellen Inhalte und schaffen eine kollektive Intelligenz (siehe Kapitel 2.2.3), indem sie ihr Wissen mit dem Wissen anderer Nutzer vereinen.[26] Beispiele hierfür sind die Online Enzyklopedie Wikipedia sowie die Blogcommunity. Unternehmen können Communities nutzen, um Informationen durch den hohen Vernetzungsgrad und virale Effekte zu verbreiten sowie durch einen Dialog mit Nutzern ein Meinungsbild einzufangen.

2.2.2 Technologien und Anwendungen im Web 2.0

Ajax

Ajax (Asynchronous Java Script and XML) stellt einen weiteren Erfolgsfaktor des Web 2.0 dar. Ajax ist keine neue Technologie oder Programmiersprache, sondern ein Oberbegriff, unter dem Technologien wie JavaScript, CSS, XML, XHTML zusammengefasst werden.[27] Mit der Einführung von Ajax fand im Internet ein Paradigmenwechsel statt. Während früher nach jeder Benutzeraktion eine Webseite neu geladen wurde und Nutzer auf eine Antwort von Servern warteten, so ermöglicht Ajax jetzt, dass Teile einer Webseite aktualisiert werden können, ohne eine Webseite komplett neu zu laden.[28] Damit wurde eine höhere Performance und eine Entlastung von Servern durch Verringerung des Datenverkehrs erzielt. Da Web-Applikationen durch die unterbrechungsfreie Kommunikation kaum noch Unterschiede zu Desktop-Anwendungen aufweisen[29], ist ein Betieb des Web als Plattform realisierbar. Für Nutzer besteht keine Notwendigkeit mehr neben einem Browser weitere Software zu installieren. Ein Zugriff auf Applikationen, die von Anbietern als Service offeriert werden, erfolgt über einen Browser.[30] Ajax bietet aber nicht nur die oben genannten Vorteile, sondern auch Nachteile. Eine Kompatibilität kann nur durch Aktivierung von JavaScript gewährleistet werden. Doch ist JavaScript in vielen Unternehmen aus Sicherheitsgründen deaktiviert.[31] Zusätzlich birgt Ajax eine erhöhte Gefahr bei Angriffen, da mit Ajax unbemerkt neuer Schadcode nachgeladen werden kann.

Social Software und Social Networks

Social Software sind Systeme, mit Hilfe derer Menschen auf unterschiedliche Arten kommunizieren, interagieren und zusammenarbeiten können. Des Weiteren

25 Vgl. [Kien2007] S.16.
26 Vgl. [ORei2005] (what-is-web-20.html?page=2).
27 Vgl. [Bosc2007] S.41; [Alby2008] S.145; [Wenz2006] S.391.
28 Vgl. [Bosc2007] S.37; Vgl. [Garn2005].
29 Vgl. [Bosc2007] S.38f.
30 Vgl. [ORei2005] (what-is-web-20.html).
31 Vgl. [Bosc 2007] S.44ff;

fördern und unterstützen sie den Aufbau und das Selbstmanagement einer Community.[32] Social Software ist kein neues Phänomen: In den achtziger Jahren des 19. Jahrhunderts gab es bereits erste Chatsysteme wie BITNET Relay.[33]

Mit Social Software ist es möglich, eine Plattform für Social Networks zu schaffen, die eine „abgegrenzte Menge von Akteuren [...] und die Beziehungen zwischen ihnen"[34] bezeichnet. In Social Networks schließen sich Akteure mit gleichen Interessen und Zugehörigkeiten zusammen, um sich auszutauschen, so z.B. Geschäftsleute bei XING, Studenten bei StudiVZ, Singles bei ilove und Mitarbeiter auf Business Networking Plattformen zum beruflichen Austausch.[35]

Interessant sind in Social Networks vor allem schwache Bindungen (weak ties), mit denen es möglich ist, unterschiedliche Gesellschaftsbereiche miteinander zu verknüpfen.[36] Schwache Bindungen sind Bekanntschaften zu anderen Nutzern, die Zugang zu neuen Informationsquellen und anderen Ressourcen ermöglichen.[37] Social Networks besitzen durch ihre Fähigkeit zur Vernetzung von Menschen und zum Austausch von Wissen Potentiale in allen Bereichen der Wertschöpfungskette. Sie dienen dem Informations- und Wissensaustausch, der Kooperationsanbahnung und -unterhaltung sowie der Marktanalyse im Marketing,[38] indem Analyse- und Monitoring-Maßnahmen in Netzwerken angewandt werden, in denen Nutzer über Produkte und Dienstleistungen von Unternehmen diskutieren.[39]

Blogs

Blogs sind digitale Tagebücher, die themenbezogene Beiträge beinhaltet, die in regelmäßigen Abständen veröffentlicht und von Nutzern mit Kommentaren versehen werden können.[40] In Blogs werden Nachrichten und Informationen hauptsächlich über RSS- und ATOM-Feeds, die das Abonnieren bestimmter Inhalte zulassen, im Web publiziert. Eine ihrer wichtigsten Eigenschaften ist der Kommentar, in dem Nutzer Beiträge verbessern, kritisieren und diskutieren können. Diese Diskussionen können Unternehmen wertvolle Informationen zur Stimmungslage von Kunden liefern sowie eine Möglichkeit zum Dialog mit ihnen bieten (siehe Kapitel 4.2). Ein weiteres Merkmal ist die Verlinkung von Blogs untereinander, durch

32 Vgl. [Alby2008] S.89; [StJä2007] S.7.
33 Vgl. [WaKS1997].
34 [CyHa2008] S.102.
35 Vgl. [CyHa2008] S.103f.
36 Vgl. [DoWe2000] S. 77f.
37 Vgl. [Gran1982].
38 Vgl. [CyHa2008] S.104f.
39 Vgl. [CyHa2008] S.108.
40 Vgl. [KoHa] S.277.

die Blogs auf andere Blogs verweisen. Hierdurch entstand eine Blogcommunity, in der Informationen ausgetauscht und diskutiert werden. Die Vernetzung erzeugt virale Effekte (siehe Kapitel 4.3), indem sich Nachrichten in großer Geschwindigkeit in der Blogcommunity verbreiten.[41] Blogbetreiber besitzen somit große Macht, da sich z.b. negative Nachrichten über Unternehmen rasant verbreiten und anschließend von Medien aufgegriffen werden. Das Beispiel von Sony zeigt, wie schnell sich negative Nachrichten verbreiten. Der Versuch kommerzieller Vereinnahmung der Blogcommunity und Schleichwerbung zogen einen Boykott der Produkte des Unternehmens nach sich.[42] Unternehmen sollten Blogs jedoch nicht als Gefahr sehen, sondern als effektive Maßnahme, um in einen Dialog mit Kunden zu treten. Ein positives Beispiel bietet die Firma Frosta[43], die mit ihrem Blog eine offene und transparente Kommunikation mit Kunden betreibt[44].

Podcasts

Podcasts stellen wiederholt Audiodateien und ggf. sonstige Informationen unter einem vorab definierten Themenbereich online zur Verfügung.[45] Podcasts sind individuell und unangepasst. Nutzer können sich kostenlos ein persönliches Programm über RSS-Feeds zusammenstellen und werden so laufend mit neusten Inhalten versorgt.[46] Von Unternehmen werden Podcasts neben einer Vermittlung von Produktinformationen mit großem Erfolg im Marketing zur Steigerung der Corporate Identity und Brand Awareness genutzt. Als Beispiel ist die Firma Mercedes-Benz zu nennen, die auf der Seite mixed-tape.com Musikstücke unbekannter Bands via Podcast bereit stellt.[47] Die Firma Porsche benutzt Podcasts zur Kundenbindung und -gewinnung, indem sie aktuelle Themen rund um die Faszination Porsche anbietet.[48] Kunden werden so über aktuelle Themen informiert, Neukunden erhalten einen Einblick in die Porschewelt.

---

41 Vgl. [Alby2008] S.32.
42 Vgl. [KnKr2007] S.84f.
43 Vgl. [Frost2008].
44 Vgl. [KnKr2007] S.98f.
45 Vgl. [Klee2008] S.155.
46 Vgl. [Alby2007] S.75.
47 Vgl. [KnKr2007] S.100.
48 Vgl. [Por2008a].

2.2.3 Prinzipien des Web 2.0

Das Web als Plattform

Das Internet entwickelt sich zunehmend zu einer Plattform, die dazu beiträgt, Webanwendungen und Web-Services anzubieten. Web-Services sind Softwareanwendungen, die über definierte Schnittstellen beschrieben werden und eine direkte Kommunikation mit anderen Anwendungen unter Verwendung von XML unterstützten. XML, durch das Inhalte wie Text, Audio und Video in einem standardisierten Format ausgetauscht und maschinell verarbeitet werden können, ist Standard bei der Modellierung von strukturierten Daten.[49] Webanwendungen sind Programme, die von Nutzern über einen Browser aufgerufen und auf einem Webserver ausgeführt werden.[50] Durch die Ajax-Technologie ist es möglich, webbasierte Anwendungen anzubieten, die sich bezüglich der Benutzeroberfläche und Funktionalität kaum von Desktop-Anwendungen unterscheiden. Diese als Rich User Experiences bezeichneten Web-Services benötigen keine Installation und werden über einen Browser aufgerufen. Google bietet mit seinem Dienst Google Docs[51] ein solches Rich User Experience.[52] Dieser Web-Service kann als Ersatz für Microsoft Office dienen und erlaubt es, Office Dokumente über das Internet zu erstellen und zu bearbeiten. Vorteilhaft ist die fehlende Notwendigkeit einer Installation und ein plattformunabhängige Zugriff auf Office Dokumente von überall, vorausgesetzt eine Internetverbindung besteht.

Auf diese Weise entwickeln sich Web-Services zu einer Grundlage für Business-applikationen,[53] die traditionelle Softwareanwendungen durch Webanwendungen ersetzen, die über den Browser aufgerufen werden.[54] Das Marketing muss auf diesen Wechsel reagieren und anstelle von traditionellen Softwareanwendungen zunehmend auf Webanwendungen setzen.

Prinzip der Kundenintegration

Den von Kunden generierten Inhalten (User-Generated Content) fällt im Web 2.0 eine zentrale Bedeutung zu. Durch ihre Möglichkeiten zur Mitgestaltung von Inhalten einer Webseite, rücken Kunden in den Mittelpunkt der Unternehmensaktionen und werden durch ihre Integration in eine Gestaltung von Inhalten zu einem

---

49 Vgl. [KoHa2007] S.278; [Reit2007] S.26.
50 Vgl. [KoHa2007] S.277.
51 Vgl. [Goog2008].
52 Vgl. [ORei2005] (what-is-web-20.html?page=5).
53 Vgl. [Rött2007] S.154.
54 Vgl. [Reit2007] S.29.

Teil der Wertschöpfungskette.[55] Unternehmen nutzen hierbei die kollektive Intelligenz, die zu einer kontinuierlichen Verbesserung von Inhalten durch Nutzer führt. Amazon bietet die gleichen Produkte mit den gleichen Bildern und Beschreibungen wie die Konkurrenz an. Erst die Einbeziehung von Nutzern in Bewertungsprozesse und der daraus entstehende Mehrwert für andere Nutzer führte zum Erfolg. Ebays Geschäftsmodell stellt Nutzer in den Mittelpunkt des Angebots. Diese erzeugen die Inhalte, indem sie Angebote erstellen. Die Rolle von Ebay beschränkt sich dabei auf die Bereitstellung einer geeigneten Plattform, auf der Nutzeraktivitäten stattfinden können.[56]

Prinzip der Offenheit

Das Prinzip der Offenheit beschreibt die Offenlegung von Inhalten wie bspw. Informationen und Technologien, wie bspw. APIs und Quellcode durch einen Dienstanbieter oder Nutzer. Durch die Offenlegung ist es möglich, Inhalte miteinander zu verbinden und daraus neue Inhalte zu generieren oder Inhalte weiterzuentwickeln. So entstehen Webanwendungen wie das Mashup Housingmaps, das bestehende Informationen aus Google Maps mit Immobilieninformationen verbindet und auf diese Weise einen Mehrwert für Nutzer schafft. Durch Mashups entstehen neue Geschäftsmodelle wie z.B. die Meta-Reisesuchmaschine Kinkaa. Sie sucht die günstigsten Angebote aus Datenbanken von Reiseanbietern heraus und erleichtert dadurch Nutzern die Suche nach Reiseangeboten.[57] Google setzt dieses Prinzip in seiner Strategie um und öffnet Produkte für externe Entwickler, um durch die Verwendung seiner Produkte auf zahlreichen Webseiten präsent zu sein.[58] Unter Betrachtung aktueller Zahlen hat Google mit dieser Strategie Erfolg. Mit 47% ist Google Maps das beliebteste API für Mashups.[59]

Blogs und Social Networks verfolgen ebenfalls das Prinzip der Offenheit. Blogbetreiber vernetzen ihre Blogs untereinander und verweisen auf Beiträge aus anderen Blogs. In Social Networks veröffentlichen Nutzer persönliche Daten und stellen diese anderen Nutzern zur Verfügung. Diese Daten sind Grundlage bei einer

Erstellung von personalisierten Werbebotschaften.

---

55 Vgl. [KoHa2007] S.1f; [HaKW2008] S.18.
56 Vgl. [ORei2005] (what-is-web-20.html?page=2).
57 Vgl. [Holz2007] S.72f.
58 Vgl. [Rött2007] S.150.
59 Vgl. [Prabwe2008].

Prinzip der kollektiven Intelligenz

Die kollektive Intelligenz beschreibt eine kontinuierliche Verbesserung eines Dienstes oder seiner Inhalte durch Nutzer. Dieses Prinzip beruht auf der Idee, dass die Gesellschaft über größeres Wissen verfügt, wenn Informationen so weit wie möglich verbreitet werden, statt eine Verbreitung auf wenige Personen zu beschränken.[60] Auf Plattformen wie der Online Enzyklopädie Wikipedia, die auf der Idee basiert, dass Einträge von anderen Nutzern verändert und verbessert werden können, entsteht durch das Zusammenwirken einer großen Nutzergemeinschaft ein brauchbarer und wertvoller Inhalt.[61] Die Rolle von Wikipedia beschränkt sich hierbei auf die des Plattformbetreibers. Den Inhalt generieren seine Nutzer.

---

60 Vgl. [SuBe2005] S.220.
61 Vgl. [ORei2005] (what-is-web-20.html?page=2).

3 Marketing

3.1 Modernes und erweitertes Marketingverständnis

Das Verständnis des Begriffs Marketing hat sich über die Jahre aufgrund unterschiedlicher Einflussfaktoren wie Wettbewerb, Umwelt, Verbraucher oder technologischen Fortschritt verändert und erweitert.[62] Entwicklungen in der Informations- und Kommunikationstechnologie, wachsender Wettbewerb und uneinheitliche Konsumstrukturen haben zu neuen Herausforderungen wie dem interaktiven und virtuellen Marketing im Web geführt. Das hieraus resultierende moderne und erweiterte Marketingverständnis umfasst jegliche Form des Austausches zwischen zwei Wirtschaftssubjekten, bei dem beide versuchen ihre Bedürfnisse zu befriedigen.[63] Die Definition der American Marketing Association repräsentiert dieses Verständnis: „Marketing is an organizational function and a set of processes for creating, communicating and delivering value to customers and for managing customer relationships in ways that benefit the organization and its stakeholders."[64] Marketing ist die Schnittstelle zwischen Markt und Unternehmen und bezieht sich auf marktgerichtete Prozesse, welche die Konzeption, Durchführung und Kontrolle aller auf Kunden konzentrierten Marketingaktivitäten beinhalten (z.B. Marktforschung, Gestaltung des Produktangebotes, Preisfestlegung, Vertrieb und Kommunikation). Marketing ist kundennutzenorientiert und zielt somit auf eine Befriedigung der Bedürfnisse von Kunden durch entsprechende Angebote ab. In diesem Zusammenhang ist eine Ermittlung von Kundenbedürfnissen erforderlich.[65] Web 2.0 bietet umfassende Potentiale diese Bedürfnisse zu ermitteln. Durch den Dialogcharakter, der einen Austausch mit Kunden ermöglicht und einen Austausch zwischen Kunden untereinander in Blogs, Communities, Foren und Social Networks über Produkte und Dienstleistungen von Unternehmen bewirkt, können Bedürfnisse ermittelt werden. Aufgrund der Sättigung von Märkten und hoher Kosten für Neukundenakquisitionen ist eine Beziehungsorientierung zu erkennen, durch die Kunden an Unternehmen gebunden und zum Wiederkauf angeregt werden sollen.[66] Im Web 2.0 sind loyale Kunden von großem Wert. Sie kaufen nicht nur wiederholt Produkte von Unternehmen, sondern nehmen Einfluss

---

62 Vgl. [MeBK2008] S.8.
63 Vgl. [MeBK2008] S.9f; [Köhe2006] S.88.
64 Zitat aus: [Köhe2006] S.88.
65 Vgl. [MeBK2008] S.16.
66 Vgl. [MeBK2008] S.16.

auf Kaufentscheidungen anderer Kunden, indem sie durch Word-of-Mouth im Web Produkte von Unternehmen weiterempfehlen. Durch Einsatz geeigneter Marketingmaßnahmen wie Corporate Blogs, Customer Integrated Marketing, Brand Communities und Podcasts können Unternehmen in einen Dialog mit Kunden treten und durch Integration in Unternehmensprozesse binden.

3.2 Online Marketing

Der Gesamt-Marketing-Mix von Unternehmen, durch den Marketingaktivitäten gesteuert werden, besteht aus dem Marketing-Mix, Online-Marketing-Mix und Internet-Marketing-Mix. Durch die Unterteilung des Marketing-Mix in die vier Ps (Product, Price, Place, Promotion), ist es möglich Marketingstrategien durch eine Produkt-, Preis-, Distributions- und Kommunikationspolitik zu konkretisieren und umzusetzen.[67]

Da im Internet andere Gesetzmäßigkeiten zur Kundenansprache gelten als bei einer traditionellen Vermarktung von Produkten und Dienstleistungen, sind neue Steuergrößen notwendig. Abgeleitet aus den vier Ps des traditionellen Marketings sind die vier Cs (Content, Commerce/Convenience, Co-location, Communication/Community) als neue Steuergrößen für das Online Marketing entstanden (siehe Kapitel 6.1.2).[68] Ziel des Online-Marketings ist, Kunden durch einen Einsatz geeigneter Maßnahmen auf bestimmte Webseiten zu lenken, um direkt Geschäfte anzubahnen oder abzuschließen. Der Internet-Marketing-Mix beschreibt, welche Internetdienste, wie bspw. E-Mail, WWW oder FTP, genutzt werden, um Kunden auf eine Webseite zu lenken.[69]

Das Beispiel eines Kundendialogs in einem Corporate Blog soll zeigen, wie der Gesamt-Marketing-Mix funktioniert. Im Corporate Blog eines Grafikkartenherstellers, der eine Maßnahme des Internet-Marketing-Mix ist, berichtet ein Mitarbeiter offen und ehrlich über seine Erfahrungen mit dem neusten Produkt (Content). Durch die offene und ehrliche Art des Beitrags entsteht Vertrauen auf Kundenseite (siehe Kapitel 4.2). Kunden werden dazu aufgefordert, an einer Diskussion teilzunehmen, bei der sie eigene Erfahrungen schildern, Verbesserungsvorschläge machen oder das Produkt kritisieren oder loben können (Communication/Community). Konsumenten des Blogs interessieren sich aufgrund der

---

67 Vgl. [MeBK2008] S.282.
68 Vgl. [Koli2001] S.163.
69 Vgl. [Lamm2006] S.16.

Diskussion für das Produkt und öffnen den Link zum Onlineshop des Grafikkartenherstellers (Commerce/Convenience). In der Produktbeschreibung des Onlineshops (Place) finden sich traditionelle Steuergrößen wie Product und Price wieder, die über den Kauf entscheiden.

4 Marketing im Web 2.0

4.1 Kunden im Fokus

Mitte der neunziger Jahre des vergangenen Jahrhunderts begann sich das beziehungsorientierte Marketing in Form des CRM (Customer Relationship Management) durchzusetzen.[70] Marketing wandelte sich durch Unterstützung von CRM-Software von einer unpersönlichen Massenansprache hin zu individuellen und persönlichen Beziehungen zu Kunden. CRM stellte Kunden in den Mittelpunkt von Unternehmensaktivitäten und versuchte mit Hilfe von Informations- und Kommunikationstechnologien auf lange Sicht profitable Kundenbeziehungen aufzubauen und zu festigen.[71] Das Web 2.0 bietet durch seinen interaktiven Charakter sehr gute Voraussetzungen, um den neuen Anforderungen gerecht zu werden und mit Hilfe geeigneter Werkzeuge wie Blogs, Social Networks und Communities eine persönliche und individuelle Beziehung zu Kunden herzustellen. Im Web 2.0 entscheiden vor allem Akzeptanz und Einbindung von Nutzern über den Erfolg.[72] Dies wird am Beispiel von Ebay deutlich. Hier sind Kunden fester Bestandteil des Geschäftsmodells. Die große Akzeptanz und Beteiligung von Nutzern macht den Erfolg von Ebay aus.

Durch diese Modifikation verändern sich auch Kundenbeziehungen und Kunden selbst. Menschen lassen sich nicht mehr in Zielgruppen durch klare soziodemographische Determinanten (z.B. Alter, Geschlecht, Einkommen) einteilen. Ihre Interessen und Vorlieben sind heute individuell zu bestimmen und ergeben sich aus weniger eindeutigen Faktoren, wie z.B. die Beeinflussung der Kaufentscheidung durch andere Kunden.[73] Heute ermöglicht Web-Monitoring individuelle Kundenprofile zu erstellen, die eine direkte Ansprache von Kunden gewährleisten. Unternehmen sollten auf eine persönliche Beziehung zu Kunden hinarbeiten, um

70 Vgl. [Bend2008] S.174.
71 Vgl. [Andre2007] S.5; [Möbi2008] S.25; [HiWi2006] S.18.
72 Vgl. [Suck2007] S.193.
73 Vgl. [Suck2007] S.193.

Interessen zu wecken und Vertrauen aufzubauen. Im Folgenden Abschnitt werden Trends beschrieben, die zu einer Veränderung des Kundenverhaltens führten.

4.1.1 Verändertes Kundenverhalten

Knappe und Kracklauer fanden heraus, dass sich Kaufprozesse durch das Web 2.0 entscheidend geändert haben.[74] Informationen werden im Internet gesammelt und miteinander verglichen. Hierzu werden Verbraucherportale wie Shopwiki[75] genutzt. In diesen Portalen sind ausführliche Informationen zu Produkten und Dienstleistungen sowie Bewertungen und Erfahrungsberichte anderer Nutzer verfügbar. Eine Studie von Hotwire und Ipsos[76] belegt, dass Kaufentscheidungen häufig auf Grundlage von Bewertungen getroffen werden. Ein Drittel der befragten Internetnutzer lehnte schon einmal einen Kauf aufgrund von schlechten Bewertungen ab. Positive Bewertungen können hingegen Absatz steigernd wirken. Die Hälfte aller Befragten gab an, Produkte und Dienstleistungen bei positiven Bewertungen im Internet häufiger zu kaufen. Somit verschiebt sich die Marktmacht zum Kunden.[77] Dies liegt an breiten und transparenten Angeboten, welches Kunden einen einfachen Produktvergleich gestattet und sie vor eine große Auswahl stellt. Hieraus resultiert eine sinkende Kundenbindung an ein bestimmtes Unternehmen. Um die Kundenbindung zu stärken, ist die Emotionalisierung des Konsums, bei der sich Kunden mit Produkten oder Marken identifizieren, von zentraler Bedeutung.[78] So ist Linux für viele Menschen nicht nur ein Betriebssystem, sondern eine Rebellion gegenüber dem Betriebssystem des Marktmonopolisten Microsoft. Um das Betriebssystem herum entstehen Webseiten[79], welche die Vorzüge von Linux anpreisen. Von der Blogcommunity wird Linux ebenfalls stark unterstützt. Der Blog Linuxoss informiert über Neuigkeiten und spricht Windowsnutzer gezielt auf einen Umstieg auf Linux an. Dieses Beispiel zeigt, wie Kunden zu einem Teil des Marketings werden, indem sie sich aufgrund einer emotionalen Bindung mit einer Marke identifizieren und an andere weiterempfehlen. Unternehmen sollten eine solche Zusammenarbeit anstreben und Kunden zu

---

74 Vgl. [KnKr2007] S.55f.
75 Vgl. [Shwi2008].
76 Vgl. [Rich2006].
77 Vgl. [Ibeh2005]; [Suck2007] S.194.
78 Vgl. [Suck2007] S.194.
79 Vgl. [Corn2008].

einem Teil des Marketings im interaktiven Internet werden lassen, um ihre wachsende Macht auf Kaufentscheidungen anderer Kunden positiv zu beeinflussen.[80]

4.1.2 Demokratisierung des Web

Die Übertragung von Kommunikationsmechanismen aus Massenmedien funktioniert im Internet nicht, da die One-Way-Kommunikation Dialoge ausschließt. Kunden wünschen und suchen aber Dialoge und möchten ernst genommen werden.[81] Dies zeigt sich auf Verbraucherportalen wie Ciao und Idealo, auf denen sich Kunden über Produkte austauschen. Konsumenten kommunizieren miteinander, tauschen Erfahrungen aus, loben und kritisieren Produkte und bilden sich ihre eigene Meinung über Unternehmen und deren Produkte. Der Community-Gedanke steht hierbei im Vordergrund.[82] Die Auswirkungen für das Marketing konkretisiert Marketing Experte Jack Huba: „Die Konsumenten selbst produzieren mittlerweile genauso viel wie oder sogar noch mehr Marketinginformation als die Unternehmen selbst. Die Firmen haben also gar keine andere Wahl, als den Kontakt zu den Kunden aufzunehmen. Denn andernfalls geschieht das Marketing ganz einfach ohne sie"[83]. Unternehmen sollten die neue Situation als Chance sehen, um an Kundeninformationen zu gelangen, Trends und Produktunzulänglichkeiten vorherzusehen und entsprechende Gegenmaßnahmen einzuleiten.[84]

4.2 Corporate Blogs

Blogs bieten Möglichkeiten zur authentischen Kommunikation mit Kunden fernab vom Marketing-Blabla der Pressemitteilungen[85] und eröffnen es Unternehmen, in Dialoge mit Kunden zu treten. Ein Beispiel hierfür ist der Blog der Firma Frosta, der ein Webtagebuch von Frosta Mitarbeitern ist. In diesem wird offen und ehrlich aus erster Hand über die Marke Frosta berichtet und über aktuelle Themen aus dem Bereich Ernährung diskutiert.[86] Die Reaktionen auf den Blog fielen sehr positiv aus. Blogger begrüßten den mutigen Schritt des Unternehmens und kommentierten ihn wohlwollend.[87] Kunden werden über neue Produkte, Werbeaktionen und Ereignisse rund um die Firma informiert. Frosta erhält im Gegenzug ein

---

80 Vgl. [Suck2007] S.194.
81 Vgl. [Suck2007] S.196.
82 Vgl. [Oett2006].
83 [Oett2005] S.259.
84 Vgl. [Suck2007] S.197.
85 Vgl. [KnKr2007] S.42.
86 Vgl. [Frost2008] (blog-info).
87 Vgl. [Oett2006] S.189.

direktes Feedback von Kunden sowie eine größere Verbreitung ihrer Informationen durch Verlinkungen in anderen Blogs und Medien. Somit wird eine stärke Kundenbindung und ein intensiveres Verhältnis erreicht.[88] Für das 900 Gramm Tortelloni EM-Pack erstellte ein Mitarbeiter von Frosta einen authentischen Beitrag, in dem er das neue Angebot präsentierte, sowie weitere Hintergrundinformationen zur Werbeaktion nannte.[89] In Kommentaren von Kunden erhielt die Firma Frosta wertvolle Informationen bezüglich des Angebots wie z.B. den Umstieg auf kleinere Packungen.

4.3 Virales Marketing

Virales Marketing ist „[…]the internet version of word-of-mouth marketing – email messages or other marketing events that are so infectious that customers will want to pass them along to others"[90]. Ziel ist es, Werbebotschaften durch Mund-zu-Mund-Propaganda im Internet zu verbreiten. Im Web 2.0 verbreiten sich Nachrichten durch Blogs, Wikis und Social Networks in kurzer Zeit, indem sie von einer Person zur anderen weitergeleitet werden. Die Informationsdiffusion wird durch das Weiterleiten einer Information zunehmend schneller.[91] Somit können Benutzerinteressen gezielt auf Inhalte im Internet gelenkt[92] und eine hohe Verbreitung von Marketinginformationen erreicht werden. Hierbei spielt vor allem die technische Entwicklung des Internets eine Rolle, die den Informationsaustausch erheblich beschleunigt hat.[93] Der Grund für hohes Benutzerinteresse liegt vor allem in der Glaubhaftigkeit von Nachrichten, da sie von anderen Kunden stammen und ihnen mehr Glauben geschenkt wird als Informationen von Unternehmen.[94] Schwierig ist es in diesem Zusammenhang, Webnutzer zu einer Verbreitung von Marketingbotschaften zu aktivieren. Diese werden sich nicht dazu instrumentalisieren lassen, Marketing- oder Produktinformationen freiwillig zu verbreiten. Bei der Betrachtung des Kräftemessens[95] zwischen den Bayernstars Franck Ribéry und Luca Toni, indem sie auf unterhaltsame Weise ihre Fußballkünste präsentieren, denkt zunächst niemand an eine gezielte Werbekampagne der

---

88 Vgl. [Oett2006] S.190.
89 Vgl. [Frost2008] (aktuelles/wir-haben-schneller-fertig#comments).
90 [KoAr2006] S.571.
91 Vgl. [Helm2000].
92 Vgl. [Schu2008] S.251.
93 Vgl. [Suck2007] S.199; [Oett2006] S.182.
94 Vgl. [Helm2000]; [Oett2006] S.182.
95 Vgl. [Yotu2008] (/watch?v=yBLxTlUEA3g) [04.07.2008].

Agentur GoViral im Vorfeld der Fußball EM 2008.[96] Diese zielte darauf ab, bei Betrachtern Begeisterung für Fußball zu wecken und sie zum Einschalten bei der Fußball EM 2008 zu animieren. Für eine Weiterleitung müssen die Kriterien „Haken und Köder" erfüllt werden[97]. Betrachter werden durch das humorvoll präsentierte fußballerische Können emotional angesprochen. Dies ist der „Haken" für das darauf folgende Weiterleiten des Videos an Freunde und Bekannte. Das Weiterleiten des Videos wird mit einem „Köder" in Form eines Gegenwertes belohnt. In diesem Fall ist es soziale Anerkennung, die der Versender des Videos erhält. Diese Kriterien reichen allerdings noch nicht aus, um eine erfolgreiche virale Kampagne zu starten. Zusätzlich muss das Video in den Kern der Community vordringen, um eine große Verbreitung zu erfahren.[98] Des Weiteren sind unterstützende Werbemaßnahmen notwendig, die gezielt Empfänger ansprechen. [99] Beim Ribéry-Toni Video könnten dies Werbeanzeigen in Fachmagazinen und die Verbreitung in der Fußballcommunity Comunio (siehe Abbildung 3) sein.

Sind alle Kriterien erfüllt, übernehmen Konsumenten die Verbreitung von Marketingbotschaften. Allerdings besteht die Gefahr, dass Botschaften verfälscht oder verändert werden. [100] Erfolgreiche Kampagnen wie die Shadowman-Kampagne von Coca Cola zeigen, dass vor allem solche Kampagnen ihren Zweck erfüllen, die Kunden in Kampagnen mit einbeziehen und sie auffordern kreativ zu werden.[101]

---

96 Vgl. [Kort2008].
97 Vgl. [Zoba2001] S.18.
98 Vgl. [Kort2008].
99 Vgl. [Zoba2001] S.16.
100 Vgl. [Suck2007] S.199f.
101 Vgl. [Schu2008] S.265; [Suck2007] S.200.

18

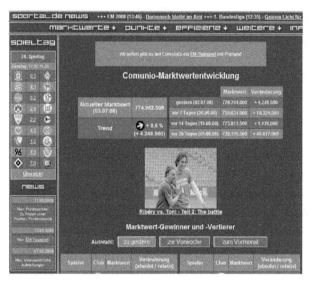

Abbildung 1 - Positionierung des Videos auf der Statistikseite von Comunio[102]

4.4 Customer Integrated Marketing

Beim CIM (Customer Integrated Marketing) werden Kunden zum Bestandteil von Marketingsprozessen und in Entwicklung und Gestaltung mit einbezogen.[103] Hierdurch wird eine hohe Kundenbindung und Identifikation mit der Marke erreicht.[104] Kunden werden so zu Fürsprechern von Unternehmen, empfehlen Angebote weiter und sorgen für ein positives Word-of-Mouth.. Der Autohersteller BMW rief im Zuge der Markteinführung drei neuer Modelle des Mini zu einem Werbeclip-Contest auf. Die Teilnehmer sollten ihre eigenen Werbeclips zum Mini drehen, welche auf der Mini Webseite veröffentlicht wurden. Durch die Bewertung anderer Nutzer wurden am Ende zehn Sieger gekürt. Um möglichst viele Teilnehmer zu gewinnen, wurden Werbekampagnen in Fernseh- und Printmedien gestartet.[105] Dies zeigt, dass wie beim viralen Marketing zusätzliche Werbemaßnahmen nötig sind, um eine große Wahrnehmung in der Öffentlichkeit zu erreichen. Durch seine Interaktions-, Integrations- und Individualisierungsmöglichkeiten bietet das Web 2.0 einen idealen Einsatzort für CIM.

---

103 Vgl. [Wess2006] S.22.
104 Vgl. [Suck2007] S.202.
105 Vgl. [Schü2005].

4.5 Brand Communities

Eine BC (Brand Community) ist eine Plattform, in der sich Kunden über Marken austauschen können. Sie besteht somit hauptsächlich aus User-Generated Content und spiegelt die Interessen, Fragen, Vorschläge, Anregungen, Meinungen und Kritiken von Kunden wider.[106] Das Unternehmen Jones Soda[107] setzte eine solche BC erfolgreich um. Jones Soda, das durch sein rebellisches Image als Alternative zu Cola und Pepsi gilt, hatte einen kleinen Kundenstamm, der sich stark mit dem Image der Marke identifizierte. Die BC bot Kunden die Gelegenheit, ihre emotionale Bindung zur Marke auszuleben und sich untereinander auszutauschen, Produkte zu bewerten und Fotos hochzuladen, die ihre persönlichen Momente mit Jones Soda zeigen.[108] Auf diese Weise wurde die Bindung zur Marke verstärkt. Kunden wurden in Unternehmensaktivitäten integriert, indem sie durch ihr Mitwirken in einer Community bei einer Verbesserung und Weiterentwicklung von Produkten halfen sowie durch das Hochladen von Bildern als Poduzenten von Werbebotschaften auftraten.

4.6 Podcasts

Im Marketing werden Podcasts zur effektiven, effizienten und flexiblen Zielgruppenansprache genutzt.[109] Sie zeichnen sich durch Effektivität und Effizienz in der Kommunikation aus und erlauben es, Konsumenten multisensorisch (Ton, Bild, Text) anzusprechen. Kontakt erfolgt nach dem Pull-Prinzip, indem Konsumenten aus eigenem Interesse Inhalte aufrufen. So bleiben Streuverluste bei der Kundenansprache ebenso gering wie die Produktionskosten.[110]Podcasts können, wie bei BMW praktiziert, zur Produktinformation genutzt werden, indem über neue Produkte berichtet wird.[111] Allerdings ist hierdurch nur eine Ansprache produktaffiner Interessenten erreichbar.[112]

Alternativ können Podcasts als produktergänzende Dienstleistungen angeboten werden, um einen Zusatznutzen zur Absatzförderung zu schaffen.[113] Das Reiseportal Marco Polo[114] bietet Nutzern Podcasts mit Klängen von unterschiedlichen

---

106 Vgl. [Suck2007] S.203.
107 Vgl. [Joso2008].
108 Vgl. [Smac2008].
109 Vgl. [Klee2008] S.159; [KnKr2007] S.100.
110 Vgl. [Klee2008] S.160f.
111 Vgl. [BMW2008].
112 [KnKr2007] S.100.
113 Vgl. [Klee2008] S.163.
114 Vgl. [Mapo2008].

Reisezielen an. Dies zielt darauf ab, Kaufanreize durch Assoziation und Identifikation von Kunden mit Produkten zu setzen. Eine Angebotsaffinität ist auch hier
Voraussetzung, um Kunden zu erreichen.

Nach dem Kauf können Podcasts als Kundenbindungsinstrument eingesetzt werden, indem sie Kunden entweder über Produktneuheiten informieren oder eine
emotionale Bindung zu Kunden aufbauen.[115] So bietet Mercedes Benz ausführliche Informationen zur Entstehung der neuen C-Klasse sowie Informationen zu
anderen Modellen über Podcasts an. Der Tiernahrungshersteller Purina[116] offeriert
seinen Kunden Podcasts, die den richtigen Umgang mit Haustieren erläutern. Für
Kunden ist Purina nicht mehr nur eine Marke für Tiernahrung, sondern ein Ratgeber, der das Zusammenleben zwischen Mensch und Haustier verbessert. Somit
entstehen emotionale Bindungen und letztlich Kundenbindung.

4.7 Personalisierte Werbebotschaften

Personalisierte Werbebotschaften erlauben das gezielte Ansprechen von Personen
mit Werbebotschaften. Voraussetzung für personalisierte Werbebotschaften ist,
dass die Interessen von Personen bekannt sind, da nur dann gezielt Werbebotschaften übermittelt werden können. Im Gegensatz zur Massenwerbung können
Unternehmen so effektiv und zielgerichtet produktaffine Kunden ansprechen.
Googles AdWords arbeitet auf diese Weise. Ein Nutzer, der bei Google nach No-
tebooks sucht, bekommt zusätzlich zu den Suchergebnissen Anzeigen von be-
stimmten Notebokeherstellern präsentiert. Diese Hersteller sprechen angebotsaffi-
ne Zielpersonen an, die mit einer höheren Wahrscheinlichkeit auf Webseiten dieser Hersteller wechseln werden, als Nutzer die nach anderen Produkten suchen.
Im Web 2.0 bieten Social Networks wie StudiVz, Myspace oder XING durch Offenlegung persönlicher Informationen wie Interessen und Hobbys von Nutzern,
die diese Plattformen zur Selbstdarstellung und –präsentation nutzen, ebenfalls
Möglichkeiten zu personalisierter Werbung.

---

115 Vgl. [Klee2008] S.165.
116 Vgl. [Puri2008].

5 Risiken des Web 2.0

5.1 Macht des Individuums

Die One-Way-Kommunikation im Internet auf statischen Unternehmenswebseiten ist vorbei. Web 2.0 Anwendungen ermöglichen es, sich mit einer beliebig großen Menge anderer Nutzer über Unternehmen und deren Produkte und Dienstleistungen auszutauschen. Dies birgt jedoch Gefahren für Unternehmen. Gut organisierte und informierte Konsumenten können mit Hilfe neuer kommunikativer Möglichkeiten des Web 2.0 und der schnellen Verbreitung negativer Nachrichten Konzerne in Bedrängnis bringen. So ist heute ein einziger unzufriedener Kunde in der Lage durch die Aktivierung seiner virtuellen Social Networks den Erfolg von Produkten oder Unternehmen ernsthaft zu gefährden.[117] Negative Beiträge verbreiten sich aufgrund von Vernetzungen und viralen Effekten rasant und können somit das Ansehen von Unternehmen schädigen sowie Kaufentscheidungen nachteilig beeinflussen (siehe Kapitel 4.1.1). Hieraus ergibt sich eine Machtverschiebung zum Individuum. Individuen, die sich dieser Macht bewusst sind, werden als empowered bezeichnet.[118] Mitarbeiter werden ebenfalls zunehmend empowered und können zur Gefahr für Unternehmen werden.[119] Risiken bestehen, einerseits wenn sich Mitarbeiter in ihrem virtuellen sozialen Umfeld unternehmensschädigend äußern, indem sie Drohungen, Beleidigungen und falsche Behauptungen über andere Mitarbeiter oder das Unternehmen aussprechen, andererseits durch Weitergabe von Betriebs- und Geschäftsgeheimnissen, die der arbeitsrechtlichen Verschwiegenheitspflicht unterliegen.[120] Durch einen Vergleich der Möglichkeiten, die virtuelle Social Networks bieten, und der Erkenntnis, dass bei fast allen großen Skandalen unternehmensinterne Quellen eine wichtige Rolle spielten[121], zeigt sich die Brisanz der Machtverschiebung.[122] Im Folgenden sind Risiken von Knappe und Kracklauer[123] aufgeführt, die beim Umgang mit empowered Individuen entstehen können.

---

117 Vgl. [KnKr2007] S.67; [Häbe2007] S.74.
118 Vgl. [Rolk2002] S.18.
119 Vgl. [KnKr2007] S.67.
120 Vgl. [Ege2008] S.72f.
121 Vgl. [Rolk2002] S.27f.
122 Vgl. [KnKr2007] S.68.
123 Vgl. [KnKr2007] S.79.

Fehlende Dialogbereitschaft

Schenken Unternehmen Anliegen von Kunden keine Aufmerksamkeit, führt dies meist dazu, dass Kunden verärgert ihr Anliegen in die Öffentlichkeit tragen. Durch die starke Vernetzung von Kunden verbreiten sich Nachrichten schnell im Internet. Beispielsweise ignorierte die Firma Intel E-Mails eines Kunden, in denen er auf Produktfehler hinwies. Daraufhin veröffentlichte der Kunde den Fehler. Dies führte zu einer negativen Wahrnehmung in der Öffentlichkeit, einem Imageverlust und weiteren Reklamationen.[124]

Kontrollverlust

Die starke Vernetzung, das Prinzip der Offenheit (siehe Kapitel 2.2.3) und die hohen Ausbreitungsgeschwindigkeiten von Informationen können zu Kontrollverlusten bei Informationsverbreitungen führen. Im Fall der Strato AG gründeten Kunden aufgrund von schlechter Servicequalität und Ausfällen der Dienstleistungen ein Diskussionsforum. Ein zu spätes Ergreifen kommunikativer Maßnahmen führte zu einer starken Verbreitung negativer Nachrichten in Newsportalen. Diese griffen die Themen aus dem Diskussionsforum auf und sorgten so für eine Dezentralisierung der Informationen. Hierdurch kam es bei der Strato AG zu einem Kontrollverlust über die Kommunikation mit Kunden, die daraufhin über Newsportale lief.[125]

Glaubwürdigkeit von Word-of-Mouth

Beiträge von Nutzern, speziell Erfahrungsberichte und Bewertungen, genießen hohes Vertrauen bei anderen Nutzern. (siehe Kapitel 4.1.1) Kaufsprozesse werden stark von ihren Meinungen beeinflusst, so dass qualitative Mängel bei Produkten und Dienstleistungen, die auf Verbraucherplattformen wie Idealo oder Ciao negativ bewertet werden, verstärkt zu Kaufzurückhaltung und Imageschäden führen.[126]

Fehlendes Produktwissen

Durch die vernetzte Kommunikation zwischen Kunden in Form von Erfahrungsberichten, Fehlerbeschreibungen und -behebungen oder Anleitungen verfügen diese über ein immenses Produktwissen. Dieses kann bei Anfragen von Kunden bei Unternehmen zu falschen oder unbefriedigenden Antworten führen und Ver-

---

124 Vgl. [KnKr2007] S.81.
125 Vgl. [KnKr2007] S.81f.
126 Vgl. [KnKr2007] S.79.

ärgerung hervorrufen.[127] Kritik am Service eines Unternehmens und damit Abschreckung potentieller Kunden durch entsprechende Erfahrungsberichte könnte die Folge davon sein.

Kommerzielle Vereinnahmung

Kommerzielle Vereinnahmung ist ein offener oder verdeckter Versuch, dicht vernetzte Konsumentengemeinschaften in eine Verbreitung von kommerziellen Botschaften einzubinden und kann zu Glaubwürdigkeitsverlust, Abwanderung von Kunden sowie zum Kontrollverlust wie im Beispiel von Sony führen.[128] Sony wollte die Blogcommunity zur Verbreitung einer Werbebotschaft nutzen, indem eine Werbeagentur beauftragt wurde, einen Fanblog für die PSP (Playstation Portable) zu erstellen. In diesem Fanblog warben zwei als Kunden getarnte Mitarbeiter der Werbeagentur für die PSP und versuchten auf diese Weise, eine virale Marketingkampagne zu starten. Schnell stellte sich heraus, dass die entsprechende Webseite auf die Werbeagentur registriert war. Zahllose Gegenblogs[129] sowie entlarvende Videos[130] auf YouTube[131] wurden veröffentlicht. Für Sony entstand ein erheblicher Imageschaden, da Kunden und Blogcommunity solche Werbemaßnahmen nicht tolerieren.

5.2 User-Generated Content

Der bei einer Integration von Kunden in Marketingaktivitäten sowie bei einer Kommunikation mit Kunden über Web 2.0 Anwendungen entstehende User-Generated Content birgt rechtliche Risiken. Zum einen können durch eingestellte Inhalte von Nutzern Marken-, Urheber- oder Persönlichkeitsrechte Dritter oder Wettbewerbsrechte verletzt werden.[132] Zum anderen darf User-Generated Content nicht ohne Zustimmung von Nutzern verwendet werden.

User-Generated Content wie Text, Foto, Video oder Sound genießt bei ausreichender Schöpfungshöhe nach §2 Abs1 UrhG (Urhebergesetz) urheberrechtlichen Schutz und darf ohne Genehmigung von Nutzern nicht verwendet werden. §15 UrhG räumt Urhebern ein ausschließliches Verwertungsrecht ein. Zur Verwendung von geschützten Werken müssen Unternehmen Nutzungsrechte von Urhebern nach §31 UrhG einholen. Bei Verletzung von Urheberrechten können Rech-

---

127 Vgl. [KnKr2007] S.80.
128 Vgl. [KnKr2007] S.80.
129 Vgl. [Ashe2006].
130 Vgl. [Yotu2008] (/watch?v=bwdhg_whoKw&feature=related).
131 Vgl. [KnKr2007] S.84f.
132 Vgl. [Blin2008] S.68.

teinhaber nach §97 Abs1 UrhG auf Beseitigung der Beeinträchtigung und bei Wiederholungsgefahr auf Unterlassung klagen. Bei Vorsatz und Fahrlässigkeit (§ 276 Abs. 1 S. 2 BGB) können Rechteinhaber auf Schadenersatz klagen.[133] Voraussetzungen für die Haftung von Plattformbetreibern bei Rechtsverletzungen durch Nutzer sind noch nicht umfassend geregelt. Urteile von Landesgerichten unterscheiden sich von denen des BGH (Bundesgerichtshof)[134] und stehen im Widerspruch zu EU-Richtlinien.[135] Das BGH Urteil vom 19.04.2007, Az. I ZR 304/01, Internet-Versteigerung II macht Unterlassungsansprüche für die unter §10 TMG (Telemediengesetz) fallenden Verantwortungsausschlüsse möglich. Somit bestehen Unterlassungsansprüche, auch wenn Plattformbetreiber keine Kenntniss von rechtswidrigen Handlungen ihrer Nutzer haben sowie bei unverzüglichem Sperren oder Entfernen dieser Informationen. Des Weiteren sind Plattformbetreiber verpflichtet, ihnen bekannt gewordene rechtswidrige Nutzerinhalte unverzüglich nach dem notice and take down-Prinzip zu löschen.[136] Plattformbetreiber müssen nach dem oben genannten Urteil zusätzlich dafür sorgen, dass erneute Rechtsverletzungen durch User-Generated Content ausgeschlossen sind.

Durch Betrachtung der Richtlinien über den elektronischen Geschäftsverkehr der EU, die zur Schaffung eines einheitlichen rechtlichen Rahmens für elektronischen Geschäftsverkehr dienen und Ungleichheiten in Rechtsprechungen einzelner Mitgliedsstaaten beseitigen soll,[137] fällt auf, dass die Rechtsprechung des BGH im Widerspruch zu EU-Richtlinien steht.[138] Die EU begrenzt in ihren 2000 erschienenen Richtlinien, die 2007 im TMG umgesetzt wurden, in Artikel 14 die Haftung von Plattformbetreibern für Informationen von Nutzern sowie die Unterlassungsansprüche Dritter.[139] Des Weiteren besteht nach Artikel 15 keine allgemeine Überwachungspflicht für übermittelte und gespeicherte Informationen. Hierauf läuft das Urteil des BGH allerdings hinaus, indem es die Vermeidung erneuter Rechtsverletzungen vorschreibt und Unterlassungsansprüche auch im Fall der in §10 TMG vermerkten Verantwortungsausschlüsse zulässt. Zurzeit herrscht Unklarheit über die Rechtslage. Urteilssprüche weichen von den EU-Richtlinien ab. Es bleibt abzuwarten, ob sich die Rechtsprechung des BGH durchsetzt. Für die

---

133 Vgl. [Blin2008] S.69
134 Vgl. [Blin2008] S.68f.
135 Vgl. [LeRe2008] S.103.
136 Vgl. [Blin2008] S.68.
137 Vgl. [EU2000].
138 Vgl. [LeRe2008] S.103.
139 Vgl. [LeRe2008] S.98.

Maßnahmen, die in dieser Arbeit behandelt werden, wird das Urteil des BGH vom 19.04.2007, Az. I ZR 304/01, Internet-Versteigerung II als Grundlage verwendet, das Unternehmen für Rechtsverletzungen durch User-Generated Content haftbar macht und zu einer Verhinderung erneuter Rechtsverletzungen verpflichtet.

5.3 Sicherheit

Durch die Entwicklung von dynamisch generierten und an Browser gesendete Webseiten[140] sowie neuer technologischer Konzepte und Anwendungen wie Ajax, Flash, Social Software, Foren und Blogs, die Nutzer befähigen eigene Inhalte zu erstellen, entstanden eine ganze Reihe neuer Angriffsmöglichkeiten.[141] Dieses Kapitel konzentriert sich auf relevante Angriffsformen für das Web 2.0. Für eine umfassende Betrachtung ist es allerdings wichtig, keine Grenze zwischen Web 2.0 und dem früheren World Wide Web zu ziehen, da ältere Sicherheitslücken im Web 2.0 ebenfalls eine Rolle spielen.[142]

Bei einer Form von skriptbasierten Angriffen, dem XSS (Cross Site Scripting), wird schadhafter Code in Form einer Skriptsprache wie JavaScript durch Sicherheitslücken in Webanwendungen platziert. Bei Browseranfragen durch einen Client senden infizierte Server HTML-Dokumente mit Schadcode an Clients, die Dokumente als vertrauenswürdig einstufen und ausführen.[143] Auf diese Weise ist es möglich, ohne Kenntnisnahme von Opfern Daten bspw. durch Cookiediebstahl auszuspionieren oder die Identität von ihnen zu verwenden, um eine eigentlich unautorisierte Aktion in ihrem Namen auszuführen bspw. Banktransaktionen.[144] Das Web 2.0 erleichtert Angriffe, da viele Web 2.0 Angebote eine Eingabe von Nutzern nicht prüfen und von anderen Nutzern Inhalte als vertrauenswürdig eingestuft werden.

Ein weiteres Problem stellt ein Einsatz von Ajax dar. Durch Umgehen der Sicherheitsmaßnahmen von Ajax wie Same Origin Policy, die Schutz gegen das Auslesen lokaler Ressourcen bietet, sind heimliche Angriffe möglich, die ohne Kenntnis des Opfers stattfinden. Mit einem XMLHttpRequest, welcher der Ajax Engine eines Servers das Nachladen von Inhalten ohne weitere Interaktion mit Nutzern erlaubt, können Angreifer virenartige Angriffe durchführen, Datenübertragung in

---

140 Vgl. [Güntner2007] S.149.
141 Vgl. [Günt2007] S.143; [Lind2007] S.17; [Bafe2008] S.83.
142 Vgl. [Günt2007] S.143.
143 Vgl. [Günt2007] S.150; [Sema2007] S.108.
144 Vgl. [Huds2006]; [Bafe2008] S.83; [Sema2007] S.108.

Echtzeit abhören, die Eingabe in Webanwendungen mit Keyloggern überwachen oder unbemerkt Bestellungen durchführen, während Nutzer in einem Onlineshop angemeldet sind.[145]

Der zur Darstellung von Videos auf YouTube verwendete Flash Player stellt ein weiteres Sicherheitsrisiko dar, da er das Anhängen von ActionScript erlaubt, das einen ähnlichen Umfang wie JavaScript bietet.[146] Schadcode lässt sich auf diese Weise an Videos anhängen und kann aufgrund des arglosen Umgangs mit Videodateien über Videoportale wie YouTube und Myvideo verbreitet werden.[147]

Abseits von Skriptingattacken setzen Angreifer weiterhin auf Buffer Overflows, die Sicherheitslücken in Browsern und Anwendungen ausnutzen, um Opfer mit Trojanern und Viren zu infizieren. Ziel ist es, auf Seiten wie MySpace in stark frequentierten Profilen von Stars oder Musikgruppen IFrames zu platzieren. Mit ihnen ist es möglich, externe Inhalte in Webseiten zu integrieren. Nutzer, die das Profil mit einem verwundbaren Browser besuchen, laden den Schadcode von Servern der Angreifer nach und infizieren ihren Rechner.[148]

Im Web 2.0 spielt der Sicherheitsfaktor Mensch eine entscheidende Rolle. Durch zunehmende Selbstpräsentation im Web 2.0 ist es für Angreifer ein Leichtes, an Informationen über Mitarbeiter zu gelangen. Dies kann Social Engineering Angriffe zur Folge haben, bei denen Angreifer versuchen, unberechtigten Zugang zu Informationen oder IT-Systemen durch Manipulation von Mitarbeitern zu erreichen.[149] Unternehmen dürfen die Risiken nicht unterschätzen, die durch neue Angriffsmöglichkeiten entstehen. Sie müssen ihre Schutzmaßnahmen laufend aktualisieren. Andernfalls kann dies wie im Fall StudiVz zu peinlichen Pressemeldungen[150] über Sicherheitslücken führen, die Nutzer verschrecken und zu einem Imageverlust führen. Unternehmen, die beabsichtigen Marketing im Web 2.0 zu betreiben, müssen ihre Angebote und ihre Kunden vor Angriffen schützen.

---

145 Vgl. [Bafe2008] S.83f; [Wama2008] S.130f.
146 Vgl. [Bafe2008] S.84.
147 Vgl. [Barni] S.17.
148 Vgl. [Bafe2008] S.86.
149 Vgl. [BSI2008].
150 Vgl. [Kuri2006].

6 Maßnahmen zur Reduktion des Risikos

6.1 Organisatorische Maßnahmen

Grenzen von Unternehmen, die sich durch die Leistungsbreite (Märkte) und Leistungstiefe (Wertschöpfungskette) bestimmen, beginnen zu verschwimmen und sich nach innen wie nach außen zu verändern.[151] Tief gestapelte Unternehmenshierarchien, die nach Befehl und Gehorsam funktionieren, werden durch dezentrale, modular zerlegte Gebilde ersetzt, deren Aufbau von Autonomie, Kooperation und indirekter Führung geprägt ist.[152] Um auf die sich ständig verändernde Wettbewerbssituation zu reagieren, ist heute Flexibilität und Innovationsfähigkeit gefragt. Dieser Abschnitt beschreibt, wie Unternehmen auf die veränderte Situation durch den Paradigmenwechsel im Web anzupassen sind.

6.1.1 Änderungen im Unternehmen

Heute ist eine zunehmende Modularisierung von Unternehmensorganisationen festzustellen, die für kundenorientierte Prozesse in kleinen überschaubaren Einheiten sorgt. So werden intensive Beziehungen zu rechtlich und wirtschaftlich selbstständigen Unternehmen gepflegt, die in die Erfüllung von Aufgaben mit einbezogen werden. Intern ist die Aufgabenbewältigung nicht mehr an vordefinierte Strukturen geknüpft, sondern an problembezogene dynamische Verbindungen, die eine flüchtige Bildung von spezialisierten Teams mit erhöhten Einflussmöglichkeiten und Verantwortungen erlauben.[153] Durch die Veränderungen kommt es zu neuen Rollen für Kunden, Mitarbeiter und Manager, die im Folgenden beschrieben werden.

Intergration des Kunden

Durch die Heterogenisierung der Absatzmärkte und Kundenwünsche ist das Taylorische Prinzip, das von stabilen und langfristigen Prognosen abhängt, die den Absatz homogener Massengüter ermöglichen, nicht mehr effizient. Kunden haben individuelle Einzelwünsche, die zu einer Individualisierung von Produkten und Leistungen führen.[154] Dies stellt Unternehmen vor neue Herausforderungen bei der Produktentwicklung- und produktion und erfordert einen interaktiven Innova-

---

151 Vgl. [RePi2006] S.32.
152 Vgl. [Pico2003] S.2; [RePi2006] S.30f.
153 Vgl. [Pico2003].
154 Vgl. [Pico2003] S.461; [RePi2006] S.22.

tionsprozess, der auf einen Wissenstransfer entlang aller Phasen der Wertschöpfungskette mit externen Akteuren wie Kunden und Zulieferern basiert.[155] Durch einen Wissenstransfer lassen sich Bedürfnisinformationen wie Kaufmotive oder Marktbedürfnisse ermitteln, um intern Lösungsinformationen zu schaffen, die Kundenbedürfnisse in konkrete Produkte und Leistungen übertragen.[156] Im Web 2.0 kann dieser Wissensaustausch zwischen Unternehmen und Kunden bei geringen Transaktions- und Interaktionskosten in bspw. Blogs oder Social Networks stattfinden. Durch eine Dialogorientierung und Überwachung des Meinungsbilds im Internet können Unternehmen Bedürfnissinformationen ermitteln und somit das Risiko einer Fehlentwicklung reduzieren. Bei hohen heterogenen Kundenbedürfnissen, die eine hohe Produktvielfalt verlangen, kann es zur Übernahme der Entwicklung und Herstellung durch Kunden kommen. In diesen Fällen lohnt sich der Entwicklungs- und Produktionsaufwand aufgrund mangelnder Skaleneffekte für Unternehmen nicht, für Kunden hingegen schon.[157] Ein Beispiel ist die Trendsportart Kite-Surfing, die von Surfern initiiert wurde, um höhere und weitere Sprünge durchzuführen. Kunden wurden zu Produktentwicklern, indem sich Interessenten mit unterschiedlichen Qualifikationen bspw. Physiker und Strömungstechniker zusammenschlossen und in einer Community im Internet mit Open-Source-Design Systemen neue Designs entwickelten. Diese Designs konnten kostenlos heruntergeladen, modifiziert und zu Segelmachern gebracht werden, die diese in professionelle Produkte umwandelten. Durch Einsparung der Produktionskosten auf Unternehmensseite konnten die Herstellungskosten halbiert werden.[158] Somit sollte, um Herstellungskosten zu verringern, bei hohen heterogenen Kundenbedürfnissen eine Integration von Kunden bereits bei der Entwicklung angestrebt werden. Die Art der Integration richtet sich zum einen nach der Heterogenität der Nachfrage und zum anderen nach der Offenheit des Lösungsraums. Der Lösungsraum ist die Gesamtheit aller Problemlösungen, die ein Unternehmen herstellt und anbieten kann.[159] Open Innovations beschreiben einen offenen Lösungsraum, der eine Integration bereits bei der Ideenentwicklung zulässt und eine Entstehung neuer Produkte und Leistungen ermöglicht. Produktindividualisierungen beschreiben einen geschlossenen Lösungsraum, bei dem vor-

155 Vgl. [RePi2006] S.22.
156 Vgl. [RePi2006] S.55.
157 Vgl. [RePi2006] S.54f.
158 Vgl. [RePi2006] S.41, (aus: [vHip2005]).
159 Vgl. [RePi2006] S.49f.

handene Produkte modifiziert und individualisert werden.[160] Eine Integration ist hier erst zu einem späteren Zeitpunkt der Wertschöpfung durchführbar. Im Web 2.0 können Unternehmen Kunden Plattformen zur Verfügung stellen, die eine Integration in unterschiedlichen Teilen der Wertschöpfung erlaubt. Zusätzlich ist der Aufbau von Kommunikationskompetenzen bei Mitarbeitern erforderlich und sind intrinsische Anreize, wie bspw. Identifikation mit Produkten, extrinsiche Anreize ,wie bspw. neuen Produktnutzen, oder monetäre Anreize, wie bspw. Entlohnung zu schaffen.[161] Auf diese Weise entsteht eine interaktive Wertschöpfung, die einen Prozess der freiwilligen Zusammenarbeit zwischen Herstellern und Kunden beschreibt[162].

Problematisch ist der Wissenstransfer zwischen Kunden und Unternehmen, der hohe Transaktionskosten durch Informationsasynchronität verursachen kann. So können bei der Werbeclip-Kampagne des Mini Transaktionskosten entstehen, wenn Kunden ihre Ideen lediglich beschreiben und Mitarbeiter diese Ideen zuerst verstehen und umsetzen müssen. Unternehmen sollten deshalb Kunden zur Erstellung fertiger Produkte oder Artefakte, in diesem Fall fertige Werbevideos, animieren.[163] Bei komplexen Aufgaben sollte eine Arbeitsteilung vorgenommen werden, bei der die Wertschöpfung in Teilaufgaben zerlegt wird.[164] Auf diese Weise lassen sich gezielt Bedarfs- und Lösungsinformationen auf Kundenseite ermitteln und in die Lösungsinformationen des Unternehmens integrieren. Zusätzlich können Kunden ihr Wissen und ihre Fähigkeiten gezielt einsetzen.

Rolle der Mitarbeiter

Picot beschreibt die neue Rolle von Mitarbeitern als Teamworker und Beziehungsmanager, Fach- und Methodenspezialist, Innovator, Selbstkritiker und Intrapreneur. Durch flache Hierarchien und Modularisierung verfügen sie über umfassende Entscheidungskompetenzen und Verantwortung. [165] Meinungen von Kunden spielen für sie eine immer wichtigere Rolle, da durch ihre Berücksichtigung ein interaktiver Innovationsprozess entstehen kann. Mitarbeiter sollten in Dialoge mit Kunden treten und eine partnerschaftliche Zusammenarbeit anstreben, auf deren Grundlage neue Ideen in die Wertschöpfung einfließen können. Als

---

160 Vgl. [RePi2006] S.50.
161 Vgl. [RePi2006] S.46.
162 Vgl. [RePi2006] S.44.
163 Vgl. [RePi2006] S.56.
164 Vgl. [RePi2006] S.58, (aus: [vHip1994]; [Diet1997]).
165 Vgl. [Pico2003] S.462.

Teamworker und Beziehungsmanager nutzen sie die Potenziale von Social Networks, Blogs und Podcasts, indem sie Beziehungen pflegen und neue schwache Bindungen aufbauen, aus denen Unternehmen durch Verknüpfungen mit anderen Geschäftsbereichen profitieren können.[166] Aufgrund ihrer umfassenden Entscheidungskompetenzen und Verantwortung sollte Mitarbeitern von Unternehmensseite großes Vertrauen entgegen gebracht werden. Die Wahl, wie Mitarbeiter ihre Fähigkeiten, Kenntnisse und Beziehungen gewinnbringend für Unternehmen einsetzen, sollte ihnen überlassen bleiben.[167]

Rolle der Manager

Durch die Verlagerung von Verantwortung auf Mitarbeiter verringern sich die traditionellen Managementaufgaben. Manager übernehmen keine Sachaufgaben mehr, sondern führen und fördern Mitarbeiter bei der Aufgabenlösung, stellen Teams zur Bearbeitung von Aufgaben zusammen und treffen strategische Entscheidungen. Durch Beobachtung der Umwelt entwickeln sie neue Visionen und setzen diese um.[168] Um die Kommunikation eines Unternehmens im Web 2.0 zu verbessern, sollten Manager Mitarbeiter dazu motivieren, die Potentiale zum Networking und Beziehungsmanagement zu nutzen, die das Web 2.0 bietet. Hierzu ist es erforderlich Richtlinien für die Kommunikation im Web festzulegen, um einen einheitlichen Auftritt von Unternehmen zu gewährleisten. Zusätzlich sollten sie neue, auf die Wettbewerbssituation angepasste, Geschäftsmodelle und neue Maßnahmen zum Einsatz des Web 2.0 entwerfen. Dies könnten bspw. Plattformen sein, über die Kommunikation und Zusammenarbeit mit Kunden betrieben werden. Eine weitere Aufgabe von Managern ist die Beobachtung verteilter Aktivitäten von Kunden im Internet, die bei entsprechenden Potentialen durch Unternehmensressourcen wie Mitarbeiter oder Wissen zu unterstützen sind. Für diesen Zweck ist es sinnvoll, Teams für einen begrenzten Zeitraum zusammenzustellen, die eine Zusammenarbeit mit Kunden anstreben. Entwickeln sich Potentiale von Kundenaktivitäten positiv, müssen Manager eine Integration von Ergebnissen in die Entwicklung und Produktion einleiten. Die Wertschöpfungskette sollte in Teilaufgaben unterteilt werden, um hohe Transaktionskosten beim Wissenstransfer zu vermeiden und um Kundenaktivitäten auf bestimmte Bereiche zu konzentrieren.

---

166 Vgl. [CyHa2008] S.112.
167 Vgl. [CyHa2008] S.113.
168 Vgl. [Pico2003] S.466.

6.1.2 Einführung neuer Steuergrößen

Da im Web 2.0 andere Gesetzmäßigkeiten zur Kundenansprache gelten, werden neue Steuergrößen benötigt, die auf den vier Ps basieren, um die Unternehmensaktivitäten im Web 2.0 zu steuern und Kunden auf bestimmte Webseiten zu lenken.[169]

Product wird zu Content: Über Produkte alleine ist durch die hohe Transparenz und Produktvielfalt im Internet kaum eine Differenzierung zu anderen Produkten möglich. Der Kontext einer Präsentation von Produkten ist wichtig, um Kaufanreize zu setzen. Ein hoher Informationsgehalt oder eine emotionale Bindung an Produkte z.B. durch einen Ratgeber wie bei Purina[170] sind entscheidend.[171]

Price wird zu Commerce/Convenience: Durch Preiskämpfe im Internet ist eine Differenzierung über den Kostenfaktor nicht mehr möglich. Ein Mehrwert kann über eine bequeme Gestaltung von Einkaufvorgängen erreicht werden. Unternehmen sollten ihre Einkaufsmöglichkeiten einfach und bequem gestalten und für eine schnelle Abwicklung von Transaktionen sorgen.[172]

Place wird zu Colocation: Die Colocation beschreibt eine geeignete Platzierung von Angeboten im Internet. Eine Platzierung von Angeboten auf stark besuchten Webseiten ist wichtig, um eine große Menge Kunden anzusprechen. Entgegen einer Massenansprache gestattet das Web 2.0 personalisierte Werbebotschaften, mit denen eine Ansprache produktaffiner Personen möglich ist. Unternehmen sollten Nähe zu Kunden schaffen und einen geeigneten Rahmen zur effektiven Ansprache von Kunden finden.[173]

Promotion wird zu Communication/Community: Communication/Community zielt auf Interaktionen mit Kunden und langfristige Bindungen ab. Hohe Kosten von Kundenaquisationen und die Macht von Kunden durch Word-of-Mouth im Web 2.0 machen es erforderlich positive Beziehungen zu Kunden aufzubauen, um die Loyalität von Kunden und die Verbreitung positiver viraler Nachrichten zu sichern.[174]

---

169 Vgl. [Koli2001] S.163.
170 Vgl. [Puri2008].
171 Vgl. [Koli2001] S.164.
172 Vgl. [Koli2001] S.164.
173 Vgl. [Koli2001] S.164.
174 Vgl. [Koli2001] S.164f.

6.1.3 Beobachtung und Adaption von Geschäftsmodellen

Die Prinzipien des Web 2.0 veränderten das Marketing im Web grundlegend. Innovative Geschäftsmodelle wie das von Ebay, YouTube, und MySpace rückten Kunden in den Mittelpunkt der Unternehmensaktivitäten. Der Vergleich zwischen diesen Geschäftsmodellen und aktuellen Marketingmethoden zeigt, dass sich das Marketing an neue Geschäftsmodelle anpasst und Teile von ihnen adaptiert. Um eine aktuelle Form der Kundenansprache und -interaktion mit großen Teilnehmermengen zu erreichen, ist es wichtig, neue Geschäftsmodelle und Trends zu beobachten. Sind diese erfolgversprechend, sollte ein Adaptionsprozess gestartet werden, der Charakteristika analysiert und diese in den Kontext eines Unternehmens überführt. Adidas, Toyota und BMW reagierten beispielsweise auf den Trend zu virtuellen Welten und präsentieren ihre Produkte in Second Life einer virtuellen Kundschaft. Wichtig für Unternehmen ist es, Marketingmaßnahmen nutzerorientiert in Form von Nutzerinteraktion und –integration zu gestalten. Zusätzlich sollten intrinsische, extrinsische oder monetäre Anreize gesetzt werden, die Nutzer zur Teilnahme animieren.[175]

Die größten Perspektiven bieten zurzeit Social Networks und File-Exchange & Sharing Plattformen, auf denen Nutzer multimediale Inhalte veröffentlichen.[176] Das Geschäftsmodell von Social Networks wurde durch das Marketing in Form von Brand-Communities (siehe Kapitel 4.5) umgesetzt. Hierbei verwenden Unternehmen wie Jones Soda die Charakteristika von Social Networks und bieten Kunden eine Plattform zum Austausch von Informationen und zur Selbstdarstellung. Angepasst an das Unternehmen Jones Soda, dient die Brand-Community dem Austausch zwischen Kunden, die ihre persönlichen Momente mit Jones Soda durch Bilder miteinander teilen. Hierdurch entsteht ein Zugehörigkeitsgefühl, eine starke Identifikation mit der Marke und Kundenbindung. File-Exchange & Sharing Plattformen wie YouTube, MyVideo oder Flickr, die dem Austausch von multimedialen Inhalten dienen und deren Erfolg auf einer Integration von Nutzern beruht, werden ebenfalls vom Marketing verwendet. Videoplattformen haben einen neuen Trend zu Onlinevideos ausgelöst. Video Ads entwickeln sich zu Killerapplikationen und wachsen momentan im dreistelligen Prozentbereich.[177] Unternehmen reagieren auf diesen Trend und blenden Werbebotschaften vor oder nach

---

175 Vgl. [WiUl2008] S.30.
176 Vgl. [WiUl2008] S.20.
177 Vgl. [Lang2008] S.29.

den Clips auf ProSieben.de, MSN oder MyVideo ein. BMW nutzte den Trend und startete vor der Veröffentlichung der neuen Mini-Modelle eine Plattform, die Nutzer dazu einlud, Werbevideos für die neuen Mini-Modelle zu erstellen. Hierbei adaptierte BMW erfolgreich das Geschäftsmodell von Videoplattformen wie YouTube und MyVideo, indem Nutzer zu aktiven Gestaltern von Inhalten wurden.

6.2 Technische Maßnahmen

6.2.1 Web-Monitoring

Web-Monitoring ermöglicht dezentrale meinungsbildende Quellen zu identifizieren und zu überwachen, ein umfassendes Stimmungsbild zu erstellen und geeignete kommunikative Maßnahmen einzuleiten, die das Meinungsbild positiv verändern. Unternehmen können so in Erfahrung bringen, was Kunden über sie und ihre Produkte denken und welche Word-of-Mouth im Umlauf ist. Durch dieses Wissen lässt sich ein Frühwarnsystem entwickeln, das Meinungen von Nutzern in eine Entscheidungsfindung mit einbezieht und einen Kontrollverlust bei der Kommunikation mit Kunden vermeidet.[178]

In der Art der Durchführung wird zwischen manuellem und automatischem Web-Monitoring unterschieden. Erstgenanntes eignet sich aus Kostengründen für kleine Unternehmen. Mit Integration eines Tracking Tools, das Aufschluss darüber gibt, von welcher Seite Benutzer auf ein Webangebot gelangen, ist es möglich relevante Communities, Blogs und Foren zu identifizieren. Zusätzlich sollte eine Blog-Überwachung etabliert werden, um relevante Beiträge in Blogs auszumachen. Der Dienst Technorati erlaubt, über 63 Millionen Blogs nach relevanten Einträgen zu durchsuchen.[179] Automatisches Web-Monitoring ist über Web-Monitoring Dienste wie TNS WebLedge realisierbar. WebLedge ist eine Komplettlösung, die alle Aufgaben des Web-Monitorings erfüllt: Datenextraktion aus verschiedenen Quellen, wie dem Web, Newsgroups, Chats, Blogs, Foren und Social Networks, semantische, syntaktische, sprachliche Analyse von Inhalten, bei der Stimmungen von Autoren festgestellt werden können sowie die Ausgabe und Präsentation von Analyseergebnissen.[180]

178 Vgl. [KnKr2007] S.118f; [Lebe2008] S.16.
179 Vgl. [KnKr2007] S.118f.
180 Vgl. [Lebe2008] S.16; [Tnsi2008].

6.2.2 Social Network Analysis

Ziel der SNA (Social Network Analysis) ist das Messen, Darstellen, Simulieren und Bewerten von sozialen Beziehungen im Web 2.0. Die SNA basiert auf der Annahme, dass Informationen und Meinungen im Web von wenigen Meinungsführern, Beeinflussern und Hauptnutzern geprägt und über soziale Beziehungen im Web verbreitet werden. Mit SNA Werkzeugen, wie Influencer Network Analysis, Group Scope oder dem Open-Source-Werkzeug Sonivis, ist eine statistische Analyse von User-Generated Content durchführbar, der zuvor in Datenbanken gespeichert wurde. Hiermit lassen sich Informationsflüsse in einem Beziehungsgraphen visualisieren und Personen identifizieren, die Meinungsbilder und Kaufentscheidungen von Kunden beeinflussen.[181] Unternehmen können ihre kommunikativen Maßnahmen auf Meinungsführer und Hauptnutzer konzentrieren und diese durch Dialogorientierung und Offenheit in die Wertschöpfungskette integrieren. Meinungen und Kaufentscheidungen anderer Kunden können so zu Gunsten eines Unternehmens beeinflusst werden. Zusätzlich kann die Verbreitung von Informationen analysiert und letztlich einem Kontrollverlust entgegen gewirkt werden.

6.2.3 Security

Die zunehmenden Gefahren im Web 2.0, die durch eine Verwendung von aktiven Inhalten wie Java Script, ActiveX und Flash entstanden, erfordern angepasste Sicherheitsmaßnahmen. Aktive Inhalte sind für das Marketing im Web 2.0 essentiell und erfordern umfassende Sicherheitsmaßnahmen, um Angriffe auf Kunden und Unternehmen zu vermeiden. Das BSI (Bundesamt für Sicherheit in der Informationstechnik) empfiehlt wegen inhärenten Sicherheitsmängeln auf Anbieterseite keine aktiven Inhalte zu verwenden und auf Anwenderseite aktive Inhalte in Browsern zu deaktivieren.[182] Diese Forderung ist aufgrund der starken Verbreitung von aktiven Inhalten im Internet nicht denkbar und würde Marketing im Web 2.0 stark einschränken. Autohersteller wie BMW, Porsche und Mercedes-Benz verwenden auf ihren Webseiten aktive Inhalte, um ihre Fahrzeuge interaktiv und ansprechend zu präsentieren. Ohne Nutzung aktiver Inhalte würden diese Angebote an Wert verlieren. Der Porsche Car Configurator[183] erlaubt, mit aktiven

181 Vgl. [Lebe2008] S.17.
182 Vgl. [BSI2007] S.3.
183 Vgl. [Por2008b].

Elementen Fahrzeuge in einer frei drehbaren 360 Grad Navigation zu erkunden. Wohingegen die 2D-Variante auf vorgefertigte Bilder zurück greift, die lediglich eine Innen- und Außenansicht bietet.

Abbildung 4 zeigt sechs aufeinander aufbauende Ebenen, auf denen umfassende Sicherheitsmaßnahmen zum Schutz von Webanwendungen getroffen werden sollten.[184] Eine sichere untere Ebene ist jedoch kein Garant dafür, dass Angriffe auf einer höheren Ebene nicht erfolgreich sein können. Allerdings wird das Risiko erfolgreicher Attacken, die über mehrere Ebenen ablaufen, verringert.[185]

Abbildung 2 - Absicherungsebenen[186]

Auf Ebene 0 sind technische Sicherheitsmaßnahmen angesiedelt, die Netzwerke und Server vor Angriffen von außen schützen. Dies kann mit Hilfe von Hardware-Firewalls erreicht werden, die den Datenverkehr nach Filterregeln scannen und unerwünschte Daten blocken. Zusätzlich sollte ein IDS (Intrusion Detection-System) verwendet werden, welches den Datenverkehr überwacht und vordefinierte Angriffsmuster erkennt.[187]

Ebene 1 umfasst Systemplattformen und deren Softwarekomponenten, die vor nicht autorisierten Angriffen zu schützen sind. Software-Firewalls legen Ausfüh-

184 Vgl. [BSI2006] S.9.
185 Vgl. [Günt2007] S.153f.
186 Vgl. [Günt2007] S.153, (nach [BSI2006] S.9).
187 Vgl. [Günt2007] S.154.

rungsrechte fest und verweigern eingeschleusten Programmen den Zugriff auf Daten. Virenscanner identifizieren bei permanenter Aktualisierung eingeschleuste Viren. Updates für Betriebssysteme schließen Sicherheitslücken.[188]

Ebene 2 umfasst Sicherheitsmaßnahmen, die je nach Sicherheitsbedarf einer Anwendung für den Einsatz der richtigen Technologien sorgen. Bei Anwendungen mit hohem Sicherheitsbedarf ist es wichtig, eine verschlüsselte Übertragung oder ein sicheres Authentifizierungsverfahren wie HTTPS oder SSL zu wählen.[189]

Auf Ebene 3 sind alle Sicherheitsmaßnahmen anzusiedeln, die auf eine intelligente Architektur und saubere Programmierung von Webanwendungen abzielen. Dies erfordert, dass bei einer Entwicklung von Webanwendungen mehr Zeit eingeräumt wird, um Sicherheitslücken zu schließen, die sich XSS-Angriffe zunutze machen sowie eine Überpüfung von Nutzereingaben auf Scriptelemente.[190] Im Web 2.0 führen schnelle Veröffentlichungen von Webanwendungen und der damit verbundene ewige Beta-Status[191]zu Sicherheitslücken.[192] Durch die Offenheit des Web 2.0 werden Open-Source Webanwendungen anschließend durch die kollektive Intelligenz von Nutzern weiter verbessert. Nutzer kennen durch ihre Involvierung bestehende Sicherheitslücken und können diese verbreiten. Um neue Sicherheitslücken zu finden, empfiehlt sich ein Einsatz von Web-Monitoring Tools, mit denen sich relevante Beiträge in Communities finden lassen.

Ebene 4 sichert interne Abläufe von Webanwendungen als auch Interaktionen mit Nutzern ab. So sollten z.B. Verschlüsselungsbrüche, Ausnahmen oder unsichere Passwort-Vergessen-Funktionen vermieden werden, die für Sicherheitslücken in sicheren Webanwendungen sorgen.[193]

Ebene 5 umfasst inhalts- und kommunikationsbezogene Aspekte, die einen Vertrauenskontext für die Interaktion mit Nutzern herstellen. Täuschungs- und Betrugsmöglichkeiten wie Social Engineering oder Phishing sollen hierdurch verhindert werden. Spamfilter, Popup-Blocker oder Anti-Phishing Tools verhindern viele Angriffe auf dieser Ebene.[194]

---

188 Vgl. [Günt2007] S.154.
189 Vgl. [Günt2007] S.155.
190 Vgl. [Wama2008] S.135.
191 Vgl. [ORei2005] (what-is-web-20.html?page=5).
192 Vgl. [Günt2007] S.155.
193 Vgl. [Günt2007] S.155; [BSI2006] S.10.
194 Vgl. [Günt2007] S.255; [BSI2006] S.9.

Die Ebenen 4 und 5 zielen auf eine Reduktion von Sicherheitsrisiken durch Menschen ab, die heute ein entscheidender Gefahrenfaktor sind.[195] Angreifer gelangen im Web 2.0, durch die Preisgabe von persönlichen Daten seitens der Mitarbeiter an wertvolle Informationen für Täuschungsmanöver und profitieren vom arglosen Umgang der Mitarbeiter mit Sicherheitsrisiken.[196] Die Unwissenheit und Leichtsinnigkeit von Mitarbeitern wird somit zum kritischen Sicherheitsfaktor. Deshalb sind nicht nur technische Komponenten zu schützen, sondern auch Mitarbeiter und Nutzer in regelmäßigen Abständen zu sensibilisieren, indem sie auf Gefahren hingewiesen werden. Nutzer können durch E-Mails, Mitarbeiter in Mitarbeitertrainings und -schulungen über neue Gefahren informiert werden.[197] Zusätzlich dienen Fachzeitschriften als Informationsquellen für Unternehmen und Nutzer.

6.2.4 Content-Filter

Auf Plattformen, die Unternehmen Kunden zur Verfügung stellen, um User-Generated Content zu generieren, können eingestellte Inhalte Marken-, Urheber- oder Persönlichkeitsrechte verletzen.[198] Content-Filter und manuelle Prüfungen verhindern präventiv erstmalige und erneute Rechtsverletzungen, indem Plattformbetreiber ihren Prüfungs- und Kontrollpflichten nachkommen und anhand von Suchparametern und Prüfungen durch Mitarbeiter Rechtsverletzungen herausfiltern und sperren.[199] In der Praxis weisen Content-Filter Schwächen auf.[200] Bereits leichte Rechtschreibfehler oder das Umschreiben von Wörtern reicht aus, um Suchparameter von Content-Filtern zu umgehen. Zusätzlich bestehen Gefahren durch restriktive Suchparameter, wenn zulässige Beiträge von Kunden gesperrt werden. Diese fühlen sich hierduch zensiert und ihre Dialogbereitschaft sinkt. Bei verdächtigen Beiträgen, die von Content-Filtern entdeckt werden, empfiehlt sich eine manuelle Prüfung, um eine ungerechtfertige Sperrung zu vermeiden. Eine Alternative wären Baysian-Filter, eine Form künstlicher Intelligenz, die vollautomatische Prüfungen durchführen können. Diese müssen allerdings zunächst von Menschen trainiert werden und deren Verhaltensmuster beim Filtern von Inhalten übernehmen.[201] Da eine vollautomatische Filterung vor allem in der Anfangszeit

195 Vgl. [Sans2006].
196 Vgl. [Barni2007].
197 Vgl. [Günt2007] S.155f.
198 Vgl. [Blin2008] S.68.
199 Vgl. [KlMK2005].
200 Vgl. [LeRe2008] S.102; [Emes2004] S.21.
201 Vgl. [KlMK2005].

zu Fehlern führen kann, empfiehlt sich auch hier zunächst eine manuelle Überwachung.

Plattformen, die das Hochladen von multimedialen Inhalten erlauben, sollten bei starker Nutzung automatische Filter einsetzen. Diese Filter sperren Inhalte anhand ihres digitalen Fingerabdrucks. Um der Milliardenklage von Viacom zu entgehen, führt YouTube einen solchen Filter ein.[202] YouTube verhindert Urheberrechtsverletzungen, indem Dateien blockiert werden, deren digitale Fingerabdrücke bereits wegen Urheberrechtsverletzungen vom Filter gesperrt sind oder von Rechteinhabern zur Verfügung gestellt wurden, um ihre Werke zu schützen. Plattformbetreiber sollten Inhalte ihrer Angebote, die zeitlich begrenztes Einstellen von multimedialen Inhalten erlauben, wie z.B. die Integrated Marketing Kampagne von BMW (siehe Kapitel 4.4), oder nur selten zum Hochladen von multimedialen Inhalten genutzt werden, aus Kostengründen manuell prüfen. Zusätzlich ist es von Vorteil, Nutzer in die Bekämpfung von Rechtsverletzungen einzubeziehen, indem sie Rechtsverstöße bei Plattformbetreibern melden.

6.3 Rechtliche Maßnahmen

6.3.1 Arbeitsrecht im Web 2.0

Preisgabe von Interna oder gar Betriebs- und Geschäftsgeheimnissen und eine Verbreitung unternehmensschädlicher Äußerungen können arbeitsrechtliche Sanktionen nach sich ziehen. Erstere unterliegen der arbeitsrechtlichen Verschwiegenheitspflicht, die durch den Arbeitsvertrag erweitert werden kann. Problematisch sind allerdings kritische Meinungsäußerungen von Mitarbeitern, die unter die Meinungsfreiheit fallen.[203] Um Verstöße gegen die Kommunikationsstrategie von Unternehmen zu vermeiden, ist es erforderlich, bereits in Arbeitsverträgen ausdrückliche Regelungen zu Meinungsäußerungen im Internet festzulegen. Außerdem ist es für Unternehmen wichtig, sinnvolle und einheitliche Kommunikationsrichtlinien zu schaffen, die Mitarbeitern Hilfestellungen zur Kommunikation im Web 2.0 bieten und ihnen klare Grenzen aufweisen. Bei der Erstellung von Richtlinien ist darauf zu achten, dass diese nicht zu restriktiv ausfallen, da sie sonst Mitarbeiter von einer Nutzung des Web 2.0 abschrecken. Verstoßen Mitarbeiter gegen Richtlinien, sind arbeitsrechtliche Sanktionen je nach Ausmaß des

---

202 Vgl. [ZMK2007] S.551; [Brau2007] S.53.
203 Vgl. [Ege2008] S.73.

Verstoßes, von einer Ermahnung bis zu einer außerordentlichen Kündigung, anwendbar. Kommunikationsrichtlinien sollten einzelne Kommunikationsinstrumente wie Blogs, Podcasts oder Communities und ihre beabsichtigte Zielsetzung beschreiben sowie Veröffentlichungen von unwahren, negativen oder abwertenden Äußerungen gegenüber Mitarbeitern und anderen Unternehmen verbieten. Außerdem ist eine Nennung von Name und Position eines Autors bei jedem Beitrag erstrebenswert.[204]

6.3.2 Nutzungsrecht für User-Generated Content

User-Generated Content genießt bei hinreichender Schöpfungshöhe nach §2 Abs.1 UrhG urheberrechtlichen Schutz. Eine Missachtung dieses Schutzes kann zu Unterlassungs- und Schadenersatzklagen führen. Vor einer Verwendung von User-Generated Content ist es für Unternehmen wichtig, Nutzungsrechte nach §31 Abs.1 UrhG von Nutzern einzuholen. Unternehmen sollten diese Nutzungsrechte in AGBs (Allgemeine Geschäftsbedingungen) einfordern, denen jeder Nutzer zustimmen muss, um Zugang zu einer Plattform zu erhalten.[205]

7 Zusammenfassung und Ausblick

Durch soziotechnische Wechselwirkungen hat im Web ein Paradigmenwechsel stattgefunden, durch den Nutzer aktiv an der Gestaltung von Inhalten mitwirken können. Dies führte zu einer Verschiebung der Macht hin zu Kunden, die sich in Blogs, Social Networks, Communities und Foren über Produkte und Dienstleistungen von Unternehmen austauschen und so Kaufentscheidungen anderer Kunden maßgeblich beeinflussen. Gefahren entstehen aufgrund der rasanten Verbreitung von negativen Nachrichten infolge des hohen Vernetzungsgrads und viraler Effekte. Ursachen hierfür sind mangelnde Dialogbereitschaft, Kontrollverluste, fehlendes Produktwissen, kommerzielle Vereinnahmung von Nutzern sowie Glaubwürdigkeit des Word-of-Mouth. Kunden sind durch organisatorische Maßnahmen in die Wertschöpfungskette zu integrieren, indem Mitarbeiter als Teamworker und Beziehungsmanager durch die Nutzung von Web 2.0 Anwendungen eng mit externen Akteuren zusammenarbeiten und in Dialoge mit ihnen treten. So ist es möglich, Meinungen von Nutzern in Entwicklung und Produktion einfließen zu lassen, auf heterogene Kundenwünsche zu reagieren, die Kundenbindung zu

---

204 Vgl. [Ege2008] S.73f.
205 Vgl. [Blin2008] S.69.

erhöhen und Kunden zu aktiven Fürsprechern von Unternehmen werden zu lassen. Eine Social-Network Analysis dient dazu, meinungsbildende Quellen im Web zu identifizieren und kommunikative Maßnahmen auf diese zu konzentrieren. Zusätzlich können Kundenaktivitäten durch Web-Monitoring Methoden beobachtet werden. Auf diese Weise entstehen Frühwarnsysteme, die helfen, negative Meinungsbilder zu identifizieren und Gegenmaßnahmen einzuleiten. Die Rolle von Managern konzentriert sich auf: Beobachten und Adaptieren erfolgversprechender Geschäftsmodelle und Trends, Ermutigen von Mitarbeitern zu offenen Diskussionen im Web und Schaffen einheitlicher Kommunikationsrichtlinien. Neue Steuergrößen wie die vier Cs helfen Managern, Marketingaktivitäten im Web 2.0 zu steuern und Nutzer auf bestimmte Webseiten zu lenken.

Nutzungsrechte für User-Generated Content sind in AGBs einzuholen, um Rechtsverletzungen und damit möglichen Schadenersatzleistungen zu entgehen. Eine Überwachung ist zu etablieren, um Rechtsverletzungen durch User-Generated Content zu identifizieren und zu verhindern. Darüber hinaus sind Sicherheitsmaßnahmen zu ergreifen, die einen umfassenden Schutz von Web 2.0 Angeboten vor aktuellen Angriffsformen bieten.

Zur Vermeidung von Misserfolgen ist eine umfassende Analyse und Konzeption von Maßnahmen notwendig, um Marken adäquat zu präsentieren und Kunden einen Mehrwert und Anreiz für die Nutzung von Angeboten im Web 2.0 zu liefern.[206] Für die Zukunft wird es wichtig sein, gezielten Rufmordkampagnen entgegenzuwirken und Trends wie Online Videos zu folgen. Ferner wird bei einer weiter zunehmenden Produktvielfalt eine Emotionalisierung von Konsum und Kundenbindung an Bedeutung gewinnen. Diese kann durch eine zunehmende Integration von Kunden in die Wertschöpfung und partnerschaftlichen Beziehungen zu ihnen erreicht werden. Kunden werden durch weiter steigende Nutzerzahlen in Social Networks und Communities an Macht gewinnen. Somit kommt Word-of-Mouth, das Kaufentscheidungen beeinflusst, eine immer wichtigere Rolle zu und sollte von Unternehmen durch kommunikative Maßnahmen positiv beeinflusst werden.

---

206 Vgl. [KnKr2007] S.104.

Literaturverzeichnis

[Alby2008]   **Alby, T.**: Web 2.0. Konzepte, Anwendungen, Technologien, 3. überarb. Aufl., Hanser Verlag, München, 2008.

[Andre2007]   **Andresen, M.A.C.**: CRM als Marketing-Management-Konzept, 1. Auflage, Grin Verlag, München/Ravensburg, 2007.

[Ashe2006]   **Ashen, S.**: All I want for Xmas is a PSP (2006), im Internet: http://www.alliwantforxmasisapsp.co.uk/, Zugriff am: 08.06.2008.

[Bafe2008]   **Bachfeld, D.**: Dunkle Flecken. Neuartige Angriffe überrumpeln Webanwender, in: C'T – Magazin für Computer und Technik 11/2008, S. 82-87.

[Barni2007]   **Barnitzke, A.**: Virenjäger kennen nur die Hälfte der Schädlinge, in: Computer Woche 04/2007.

[Beck2007]   **Beck, A.**: Web 2.0: Konzepte, Technologie, Anwendungen, in: HMD – Praxis der Wirtschaftsinformatik, Heft 255/2007, S. 5-16.

[Bele1999]   **Berners-Lee, T.**: Der Web Report, Econ Verlag, Berlin, 1999.

[Bend2008]   **Bender, G.**: Kundengewinnung und –bindung im Web 2.0, in: Hass, B. H./Kilian, T./Walsh, G. (Hrsg.): Web 2.0. Neue Perspektiven für Marketing und Medien, online Ausgabe, Springer Verlag, Berlin/Heidelberg, 2008, S.173-191.

[BeZe2008]   **Behrendt, J./Zeppenfeld, K.**: Web 2.0, Online-Ausgabe, Springer Verlag, Berlin/Heidelberg, 2008.

[Blin2008]   **Blind, J.**: Rechtliches Wirrwarr im Web 2.0: Rechtssicherer Einsatz von Web 2.0-Kundenbindungsinstrumenten, in Direkt Marketing 02/2008, S.68-71.

[BMW2008]   **BMW AG**: Podcast, im Internet: http://podcast.bmw.com/de/, Zugriff am: 04.07.2008.

[Bosc2007]   **Bosch, A.**: Ajax: Grundlagen und Funktionsweise, in: HMD – Praxis der Wirtschaftsinformatik Heft 255/2007, S. 37-48.

[Brau2008]	**Braun, H.**: YouTube & Co.: Filter gegen Urheberrechts-verstöße, in: C'T - Magazin für Computer und Technik 23/2007, S.53.
[BSI2006]	**BSI**: Sicherheit von Webanwendungen. Maßnahmenkatalog und Best Practices (01.08.2006), im Internet: http://www.bsi.de/literat/studien/websec/WebSec.pdf, Zugriff: 15.07.2008.
[BSI2007]	**BSI**: Allgemeine Empfehlungen des BSI zum sicheren Einsatz von Aktiven Inhalten in vertrauenswürdigen Web-Anwendungen (23.02.2007), im Internet: http://www.bsi.de/ fachthem/sinet/dienste/verWebAnw.pdf, Zugriff: 16.07.2008.
[BSI2008]	**BSI**: Social Engineering, im Internet: http://www.bsi.de/gshb/ deutsch/g/g05042.htm, Zugriff am: 15.07.2008.
[Corn2008]	**Cornet, M.**: Why Linux is better, im Internet: www.whylinuxisbetter.net, Zugriff am: 29.06.2008.
[CyHa2008]	**Cyganski, P./Hass, B.H.**: Potenziale sozialer Netzwerke für Unternehmen, in: Hass, B. H./Kilian, T./Walsh, G. (Hrsg): Web 2.0. Neue Perspektiven für Marketing und Medien, online Ausgabe, Springer Verlag, Berlin/Heidelberg, 2008, S.101-120.
[Diet1997]	**Dietl, H.**: Institutionen und Zeit, Mohr Siebeck, Tübingen, 1997.
[DoWe2000]	**Dollhausen, K./Wehner, J.**: Virtuelle Gruppen. gesellschafts-und medientheoretische Überlegungen zu einem neuen Gegenstand soziologischer Forschung. in: Thiedeke, U. (Hrsg): Virtuelle Gruppen. Charakteristika und Problem-dimensionen, Westdeutscher Verlag, Wiesbaden, 2000, S.74-93.
[Ege2008]	**Ege, A.**: Arbeitsrecht und Web 2.0. Online-Tagebücher, Corporate Blogging, Wikis, Arbeit und Arbeitsrecht 02/2008, S.72-74.

[EiFr2007]   Van Eimern, B/Frees, B.: ARD/ZDF online Studie 2007. Internetnutzung zwischen Pragmatismus und YouTube-Euphorie (08/2007), im Internet: http://www.daserste.de/ service/ardonl0107.pdf, Zugriff: 05.06.2008.

[EU2000]   Europäische Union: Die rechtlichen Aspekte des elektronischen Geschäftsverkehrs. Richtlinie über den elektronischen Geschäftsverkehr (08.06.2000), im Internet: http://europa.eu/ scadplus/leg/de/lvb/l24204.htm, Zugriff am: 09.07.2008.

[Frost2008]   Frosta AG: Frosta Blog, im Internet: http://www.frostablog.de/blog/, Zugriff am: 14.06.2008.

[Garn2005]   Garnert, J.: Ajax: A New Approach to Web Applications (18.02. 2005), im Internet: http://adaptivepath.com/ publications/essays/archives/000385.php, Zugriff: 07.06.2008.

[Goog2008]   Google Inc.: Google Docs, im Internet: http://docs.google.com/, Zugriff am: 20.06.2008.

[Gran1982]   Granovetter, M.: The strenght of weak ties. A network theorie revisted, in: Mardsen, P./Lin, H. (Hrsg): Social structure and network analysis, Sage, Beverly Hills, 1982, S.105-130.

[Günt2007]   Günter, M.: Web Security 2.0, in: Kollmann, T./ Häsel, M. (Hrsg.): Web 2.0 – Trends und Technologien im Kontext der Net Economy, 1. Auflage, Deutscher Universitätsverlag, Wiesbaden, 2007, S.143-158.

[Häbe2007]   Häberle, E.: Gefährlicher Spielplatz, Werben & Verkaufen 4/2007, S.74-76.

[HaKW2008]   Hass, B. H./Kilian, T./Walsh, G.: Grundlagen des Web 2.0, in: Hass, B. H./Kilian, T./Walsh, G. (Hrsg.): Web 2.0 : neue Perspektiven für Marketing und Medien, online Ausgabe, Springer Verlag, Berlin/Heidelberg, 2008, S.3-23.

[HaTG2007]   Haas, S./Trump, T./Gerhards, M.: Web 2.0 Nutzung und Nutzertypen, Media Perspektien 04/2007, S.215-222.

[Helm2000]   **Helm, S.**: Viral Marketing: Kundenempfehlung im Internet (28.08.2008), im Internet: http://www.competencesite.de/ marketing.nsf/E8DA7EECD81A46BAC125694B007793FD/ $File/artikel_viral%20marketing.pdf#search=%22Sabrina%20 Helm%22, Zugriff am 03.07.2008.

[HiWi2006]   **Hippner, H./Wilde, K.D.**: Grundlagen des CRM: Konzepte und Gestaltung, 2. Auflage, Gabler Verlag, Wiesbaden, 2006.

[Holz2007]   **Holz, P.**: Mashups – Motivation, Organisation und Geschäftsmodelle, in: HMD – Praxis der Wirtschaftsinformatik Heft 255/2007, S. 70-77.

[Huds2006]   **Hudson, P.**: PHP in a Nutshell, Deutsche Ausgabe, O'Reilly Verlag, 2006.

[Ibeh2005]   **Ibeh, K.I.N/Luo, I./Dinnie K.**: E-branding strategies of internet companies: some preliminary insights from the UK., Journal of Brand Management, 12/2005, S.355-373.

[Joso2008]   **Jones Soda**: Unternehmenswebseite, im Internet: http://www.jonessoda.com, Zugriff am: 04.07.2008.

[Karl2007]   **Karla, J.**: Geschäftsmodelle und technologische Realisierung von Web 2.0-Publikumsdiensten, in: Information Management & Consulting 22/2007, S.30-34.

[Kien2007]   **Kienitz, G.W.**: Web 2.0. Der ultimative Guide für die neue Generation Internet, 1. Auflage, Moses Verlag, Kempen, 2007.

[Klee2008]   **Klee, A.**: Podcasts als Kommunikationsinstrument, in: Hass, B. H./Kilian, T./Walsh, G. (Hrsg.): Web 2.0. Neue Perspektiven für Marketing und Medien, online Ausgabe, Springer Verlag, Berlin/Heidelberg, 2008, S.153-170.

[KlMK2005]   **Kleiner, M./Müller, L./Köhler, M.**: IT-Sicherheit. Make or Buy, 1. Auflage, Viewig Verlag, Wiesbaden, 2005.

[KnKr2007]   **Knappe, M./Kracklauer, A.**: Verkaufschance Web 2.0. Dialoge fördern, Absätze steigern, neue Märkte erschließen, 1. Auflage, Gabler Verlag, Wiesbaden, 2007.

[KoAr2006]	**Kotler, P./Armstrong, G.**: Principles of Marketing, 11. Aufl. Academic Internet Publishers Incorporated, New Jersey Prentice Hill, 2006.
[KoHa2007]	**Kollmann, T./Häsel, M.**: Trends und Technologien des Web 2.0. Neue Chancen für die Net Economy, in: Kollmann, T./ Häsel, M. (Hrsg.): Web 2.0. Trends und Technologien im Kontext der Net Economy, 1. Auflage, Deutscher Universitätsverlag, Wiesbaden, 2007, S.1-15.
[Köhe2006]	**Köhe, K.**: Marketing im strategischen Unternehmensnetzwerk, 1. Auflage, Deutscher Universitätsverlag, 2006.
[Koli2001]	**Kolibuis, M.**: Online-Marketing für Bio-Produkte. Potentiale, Strategien, Erfolgsfaktoren. Diss. Universität St. Gallen, 2001, im Internet: http://www.unisg.ch/www/edis.nsf/wwwDisplay Identifier/2583/$FILE/dis2583.pdf, Zugriff: 30.06.2008.
[Kort2008]	**Kortmann, C.**: Virales Marketing auf YouTube (19.06.2008). Die gekaufte Weisheit der Vielen, im Internet: http://www.sueddeutsche.de/computer/artikel/762/181203/, Zugriff: 03.07.2008.
[Kraus2003]	**Krause, J.**: PHP 4, Grundlagen und Profiwissen. Webserver-Programmierung unter Windows und Linux, 3. überarbeitete Auflage, Hanser Verlag, München, 2003.
[KRCS2006]	**Krause, D./Rolf, A./Christ, M./Simon E.**: Wissen, wie alles zusammenhängt, Informatik Spektrum 29 (4)/2006, S. 263-273.
[Kuri2006]	**Kuri, J.**: StudiVz: Belohnung für Sicherheitslücken (30.11.2006), im Internet: http://www.heise.de/newsticker/ StudiVZ-Belohnung-fuer-Sicherheitsluecken--/meldung/ 81812%20, Zugriff am: 09.07.2008.
[Lamm2006]	**Lammenett, E.**: Praxiswissen Online-Marketing. Affiliate- und E-Mail-Marketing, Keyword-Advertising, Online-Werbung, Suchmaschinen-Optimierung, 1. Auflage, Gabler Verlag, Wiesbaden, 2006.
[Lang2008]	**Langer. U.**: Web-Kampagnen lernen laufen, in: Horizont

13/2008, S.29.

[Lebe2008]   Leisenberg, M.: Web 2.0 – Chance für die Marktforschung, in: Computerwoche 26/2008, S.16-17.

[LeRe2008]   Lehmann, M./Rein, C.A.: eBay: Haftung des globalen Basars zwischen Gemeinschaftsrecht und BGH, in: Computer und Recht, 02/2008, S.97-103.

[Lind2007]   Lidner, O.: Bedrohungstrends für 2007: Keine Entwarnung bei Phishing und Botnetzen – Malware tarnt sich noch geschickter. Cybergangster erobern das Web 2.0, in: Computer Zeitung 4/2007, S.17.

[Mapo2008]   Marco Polo: Podcasts, im Internet: http://www.marcopolo.de/podcast, Zugriff am: 04.07.2008.

[MeBK2008]   Meffert, H./Burmann, C./Kirchgeorg, M.: Marketing. Grundlagen marktorientierter Unternehmensführung Konzepte, Instrumente, Praxisbeispiele, Online Ausgabe, Gabler Verlag, Wiesbaden, 2008.

[Möbi2008]   Möbius, K.: Möglichkeiten und Grenzen des Customer Relationship Managements in Krankenhäusern, 1. Auflage, Grin Verlag, München/Ravensburg, 2008.

[Oett2005]   Oetting, M.: How to Manage Connected Marketing, in: Kirby, J./Marsden, P.: Connected Marketing - the Viral, Buzz and Word of Mouth Revolution, Butterworth-Heinemann, 2005, S.232-267.

[Oett2006]   Oetting, M.: Wie Web 2.0 das Marketing revolutioniert (12/2006), im Internet: http://www.absolit.de/PDF/Leitfaden-Integrierte-Kommunikation-Kap-8.pdf, Zugriff: 01.07.2008.

[Opel2006]   Adam Opel GmbH: Explore the city limits (2006), im Internet: http://www.explore-the-city-limits.de, Zugriff am: 04.06.2008.

[ORei2005]   O'Reilly, T.: What is Web 2.0. Design Patterns and Business Models for the next Generation of Software (30.09.2005), im Internet: http://www.oreillynet.com/pub/a/oreilly/tim/news/2005/09/30/, Zugriff: 04.06.2008.

[Phili2008]	Philippi, M.: Comstats. Comunio Statistiken, im Internet: http://www.comstats.de, Zugriff am: 04.07.2008.
[Pico2003]	Picot, A./Reichwald, R./Wigand, R.T.: Die grenzenlose Unternehmung, 5. aktualisierte Ausgabe, Gabler Verlag, Wiesbaden, 2003.
[Por2008a]	Dr. Ing. h.c. F. Porsche AG: Podcast, im Internet: http://www.porsche.com/germany/multimedia/podcast/, Zugriff am: 19.07.2008.
[Por2008b]	Dr. Ing. h.c. F. Porsche AG: Unternehmenswebseite, im Internet: http://www.porsche.com/germany/, Zugriff: 16.07.2008.
[Prabwe2008]	Programmableweb: API Dashboard, im Internet: http://www.programmableweb.com/apis, Zugriff am: 21.06.2008.
[Puri2008]	Nestlé Purina PetCare Company: Dog Care, im Internet: http://www.purina.com/index.aspx, Zugriff am: 13.07.2008.
[Reit2007]	Reitler, Y.: Web 2.0. Sozio-technisches Phänomen oder Marketing Hype?, in: Kollmann, T./ Häsel, M. (Hrsg.): Web 2.0 – Trends und Technologien im Kontext der Net Economy, 1. Auflage, Deutscher Universitätsverlag, Wiesbaden, 2007, S.15-35.
[RePi2006]	Reichwald, R./Piller F.T.: Interaktive Wertschöpfung. Open Innovation, Individualisierung und neue Formen der Arbeitsteilung, 1. Auflage, Gabler Verlag, Wiesbaden, 2006.
[Rich2006]	Richter, U.: Blogs beeinflussen Kaufentscheidungen (21.11.2006), im Internet: http://www.wuv.de/studien/2006/11/48354/index.php, Zugriff: 01.07.2008.
[Rolk2002]	Rolke, L.: Globaler Verbraucherprotest. Neue Öffentlichkeit im Netz, in: Rolke, L., Luchterhand, H. (Hrsg.): Der Kampf um die Öffentlichkeit, Hermann Luchterhand Verlag GmbH, Neuwied, 2002 S. 18-28.

[Rött2007]	**Röttgers, J.**: Am Ende der Flegeljahre. Das Web 2.0 wird erwachsen, in: C'T – Magazin für Computer und Technik 25/2007, S. 148-154.
[Sans2006]	**Sans**: SANS Top-20 Internet Security Attack Targets (2006 Annual Update), im Internet: http://www.sans.org/top20/ 2006/, Zugriff am: 16.07.2008.
[Schü2005]	**Schütt, C.**: Webclip Contest zur Einführung drei neuer MINI Modelle (17.10.2005), im Internet: http://www.7-forum.com/ news/Webclip-Contest-zur-Einfuehrung-drei-neu-884.html, Zugriff am: 04.07.2008.
[Schu2008]	**Schulz, S./Gunnar, M./Löfler, S.**: Motive und Wirkung im Viralen Marketing, in: Web 2.0. Neue Perspektiven für Marketing und Medien, online Ausgabe, Springer Verlag, Berlin/Heidelberg, 2008, S.249-268.
[Sema2007]	**Seemann, M.**: Das Google Web Toolkit GWT, 1. Auflage, O'Reilly Verlag, 2007.
[Shwi2008]	**Shopwiki**: Startseite, im Internet: http://www.shopwiki.com, Zugriff am: 28.06.2008.
[Sixt2006]	**Sixtus, M.**: Ein Streifzug durch das Web 2.0, in: C'T Magazin für Computer und Technik, 05/2006, S. 144-151.
[Smac2008]	**Smack Inc.**: Brand Communities. For the love of brands, im Internet: http://smackinc.com/media/pdf/brand_communities_jones_soda.pdf, Zugriff: 04.06.2008.
[StJä2007]	**Stegbauer, C./Jäckel, M.**: Social Software. Formen der Kooperation in computerbasierten Netzwerken, 1. Auflage, VS Verlag, Wiesbaden, 2007.
[SuBe2005]	**Surowiecki, J./Beckmann, G.**: Die Weisheit der Vielen, 1. Auflage, Bertelsmann Verlag, München, 2005.

[Suck2007] Suckow, C.: Marketing im Web 2.0. Neue Herausforderung im Dialog mit dem Kunden, in: Kollmann, T./Häsel, M. (Hrsg.): Web 2.0. Trends und Technologien im Kontext der Net Economy, 1. Auflage, Deutscher Universitätsverlag, Wiesbaden, 2007, S.191-206.

[Tnsi2008] TNS Infratest: Web Ledge. Internet-Monitoring für ihr Business-Wissen im Internet, im Internet: http://www.tns-infratest.com/marketing_tools/WebLedge.asp, Zugriff am: 14.07.2008.

[vHip1994] von Hippel, E.: Sticky information and the locus of problem solving, in: Management Science 40/1994, S.429-439.

[vHip2005] von Hippel, E.: Democratizing Innovation, 1. Auflage, The MIT Press, Cambridge, 2005.

[WaKS1997] Wagner, H./Koenig, T./Seidler, K.: de.comm.chatsystems faq. Was ist BITNET Relay? (25.02.1997), im Internet: http://texte.rince.de/de-comm-chatsystems-faq.html, Zugriff am: 21.07.2008.

[Wama2008] Wartmann, T.: Risiko 2.0. Eine Analyse der Sicherheit von Ajax, in C'T Magazin für Computer und Technik 02/2008, S.130-135.

[Wenz2006] Wenz, C.: JavaScript und Ajax, 7. Auflage, Galileo Press, Bonn, 2006.

[Wess2006] Wessner, K.: Der Kunde als Marketingleiter: neue Marktforschungskonzepte zur Förderung der epidemischen Weiterverbreitung von Marken, in: Planung & Analyse, 13(4)/2006, S.22-24.

[Wima2007] Wichmann, G.: Ruby on Rails. Die besser Alternative?, 1. Auflage, Grin Verlag, München/Ravensburg, 2007.

[Wirt2008] Wirtz, B.W.: Deutschland Online. Unser Leben im Netz (01/2008), im Internet: http://www.studie-deutschland-online.de/do5/sdo_2007_de.pdf, Zugriff am: 17.07.2008.

[WiUl2008] **Wirtz, B.W./Ullrich S.:** Geschäftsmodelle im Web 2.0. Erscheinungsformen, Ausgestaltung und Erfolgsfaktoren, in: HMD – Praxis der Wirtschaftsinformatik Heft 261/2008, S. 20-31.

[Yotu2008] **YouTube:** Startseite, im Internet: http://www.youtube.com, Zugriff: 30.06.2008.

[Zmk2007] **Zeitschrift für Medien- und Kommunikationsrecht:** YouTube jetzt mit Videofilter, in: Zeitschrift für Medien- und Kommunikationsrecht 06/2007, S.551.

[Zoba2001] **Zorbach, T.:** Vorsicht, Ansteckend!!! Marketingviren unter dem Mikroskop, in: GDI Impuls 4/2001, S.14–23.